escola - isikole 2
viatge - ukuhamba 5
transport - izinto zokuhamba 8
ciutat - idolobha 10
paisatge - ingadi 14
restaurant - isitolo sokudlela 17
supermercat - emakethe enkulu 20
begudes - iziphuzo 22
menjar - ukudla 23
granja - ifamu 27
casa - indlu 31
sala d'estar - igumbi lokuhlala 33
cuina - ikhishi 35
bany - igumbi lokugeza 38
cambra de nen - igumbi lezingane 42
roba - izimpahla 44
oficina - i-ofisi 49
economia - umnotho 51
oficis - imisebenzi 53
eines - amathuluzi 56
instrument de música - izinsimbi zomculo 57
zoo - esiqiwini 59
esports - imidlalo 62
activitats - imisebenzi 63
família - umndeni 67
cos - umzimba 68
hospital - isibhedlela 72
urgència - izimo eziphuthumayo 76
terra - Umhlaba 77
rellotge - iwashi 79
setmana - iviki 80
any - unyaka 81
formes - amasheyphu 83
colors - imibala 84
oposats - izinto ezingafani 85
nombres - izinombolo 88
llengües - izilimi 90
qui / què / com - ubani / ini / kanjani 91
on - kuphi 92

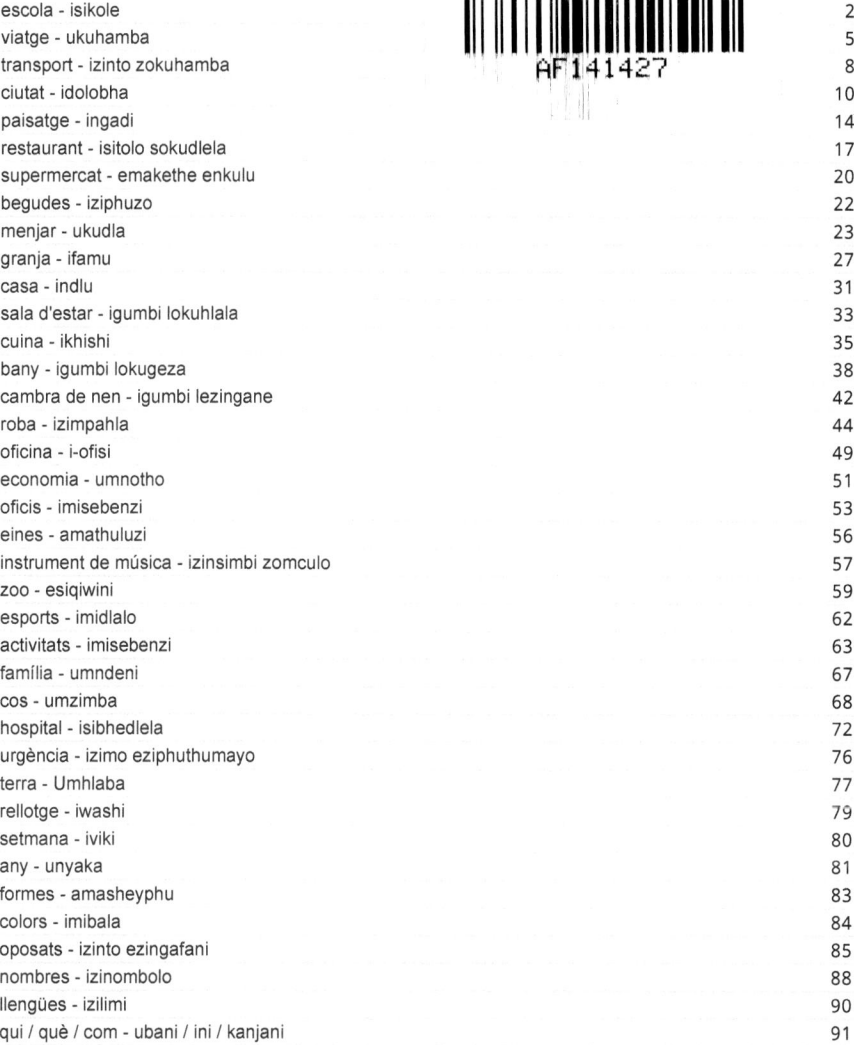

Impressum
Verlag: BABADADA GmbH, Nedderfeld 112 , 22529 Hamburg
Geschäftsführer / Verlagsleitung: Harald Hof
Druck: Books on Demand GmbH, In de Tarpen 42, 22848 Norderstedt

Imprint
Publisher: BABADADA GmbH, Nedderfeld 112 , 22529 Hamburg, Germany
Managing Director / Publishing direction: Harald Hof
Print: Books on Demand GmbH, In de Tarpen 42, 22848 Norderstedt

escola
isikole

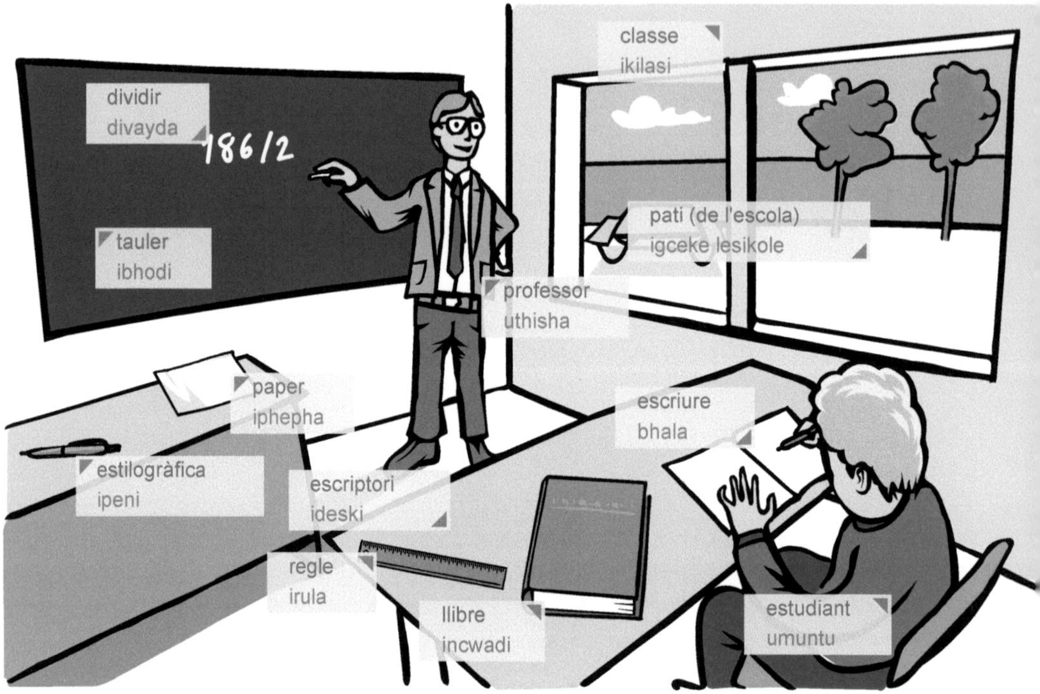

dividir
divayda
186/2
classe
ikilasi
tauler
ibhodi
pati (de l'escola)
igceke lesikole
professor
uthisha
paper
iphepha
escriure
bhala
estilogràfica
ipeni
escriptori
ideski
regle
irula
llibre
incwadi
estudiant
umuntu

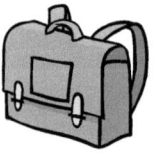

bossa
isikhwama

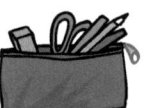

estoig
isikwama sepeni

llapis
ipensela

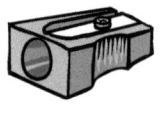

maquineta de fer punta
umshini wokulola

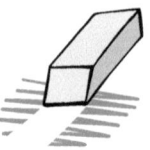

goma
irabha

bloc de dibuix
indawo yokudweba

dibuix
ukudweba

pinzell
ibrashi lokupenda

capsa de pintures
ibhokisi lokupenda

tisores
isikelo

cola
inomfi

quadern d'exercicis
incwadi yesikole

deures
umsebenzi wasekhaya

nombre
inamba

afegir
hlanganisa

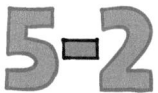

sostreure
susa

multiplicar
phindaphinda

calcular
bala

lletra
incwadi

alfabet
izinhlamvu zamagama

mot
igama

text
umbhalo

llegir
funda

guix
ushoki

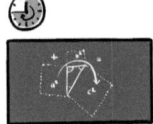

lliçó
isifundo

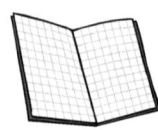

llibre de classe
bhalisa

examen
isivivinyo

certificat
isitifiketi

uniforme escolar
iyunifomu yesikole

formació
imfundo

enciclopèdia
i-encyclopedia

universitat
inyuvesi

microscopi
isibonakhulu

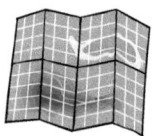

mapa
ibalazwe

paperera
ibhaskidi yokulahla
amaphepha

viatge
ukuhamba

hotel
ihhotela
Grand
alberg
ihositela
ROOMS
oficina de canvi
i-bureau de change
maleta
i-suitcase
automòbil
imoto

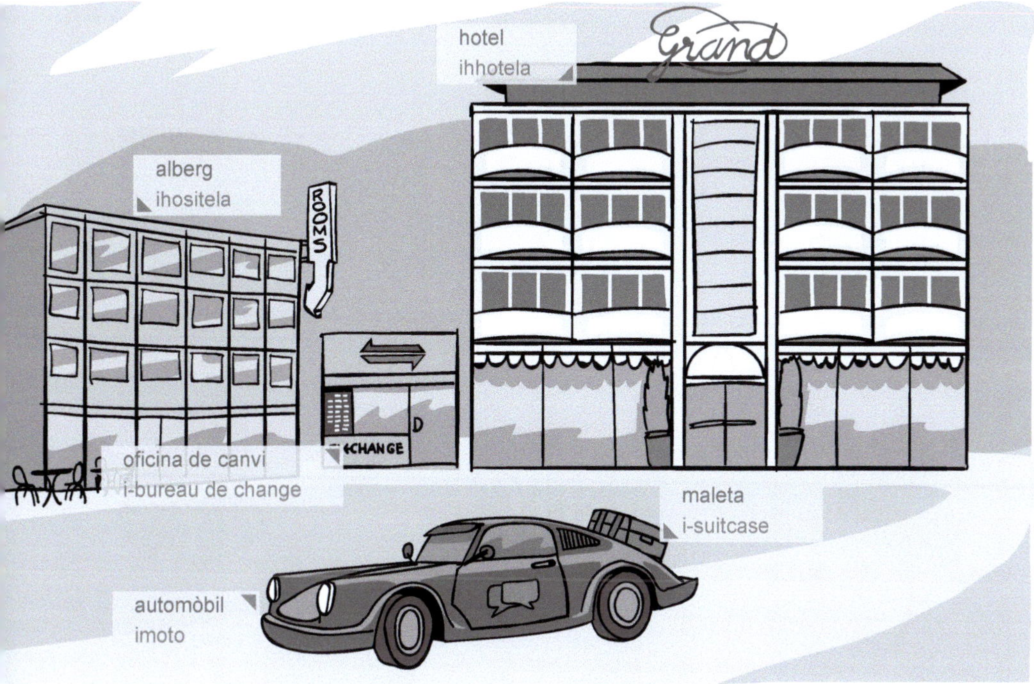

llengua

ulimi

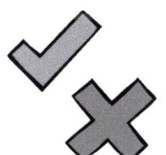

sí / no

yebo / cha

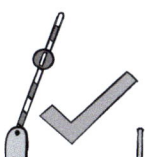

D'acord

kulungile

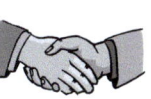

salut

sawubona

traductor

umhumushi

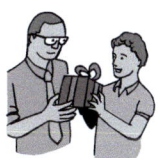

gràcies

Ngiyabonga

Quant costa… ?

iyimalini i…?

No entenc

angiqondi

problema

inkinga

Bona nit!

Intambama enhle!

bon dia!

Sawubona!

bona nit!

Ulale kahle!

fins aviat

bye bye

direcció

isiqondiso

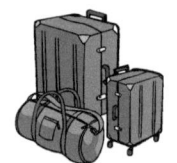

bagatge

izikhwama

bossa

isikhwama

sarrona

ubhakha

convidat

isivakashi

cambra

igumbi

sac de dormir

isikhwama sokulala

tenda

ithende

oficina de turisme

imininingwane yamathoristi

platja

ulwandle

carta de crèdit

ikhadi lesikweletu

esmorzar

ukudla kwasekuseni

dinar

ukudla kwasemini

sopar

ukudla kwasebusuku

bitllet

ithikithi

ascensor

i-lift

segell

isitembu

frontera

ibhoda

duana

amasiko

ambaixada

inxusa

visat

ivisa

passaport

iphasiphothi

transport
izinto zokuhamba

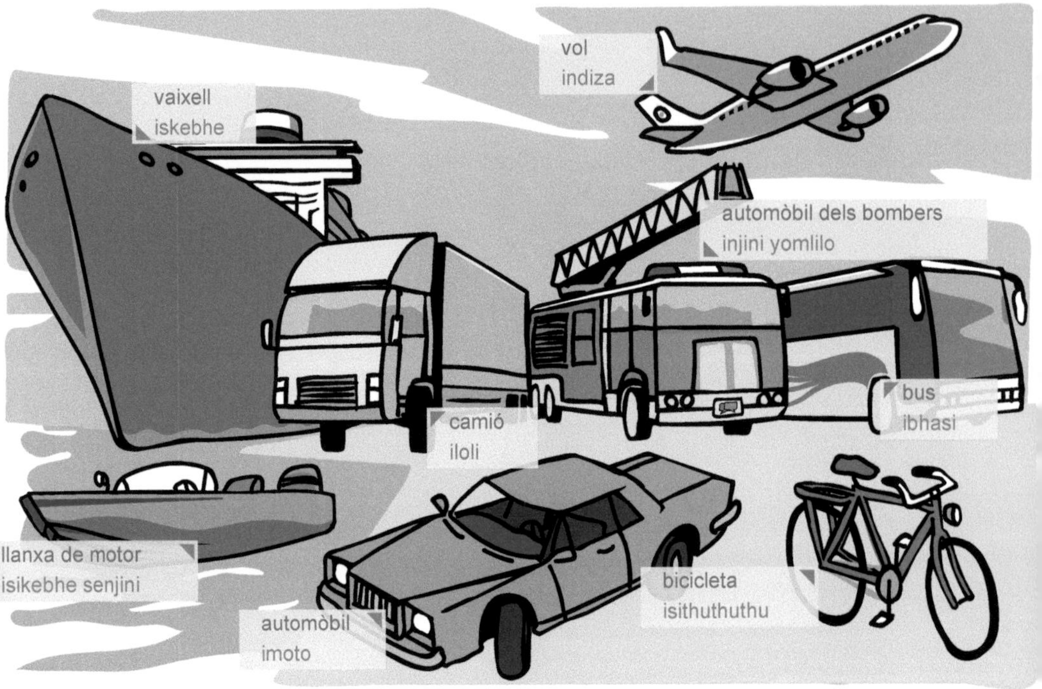
vol
indiza
vaixell
iskebhe
automòbil dels bombers
injini yomlilo
bus
ibhasi
camió
iloli
llanxa de motor
isikebhe senjini
bicicleta
isithuthuthu
automòbil
imoto

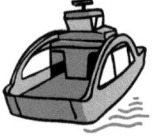

transbordador

isikebhe

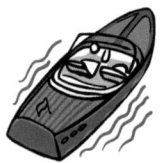

barca

isikebhe

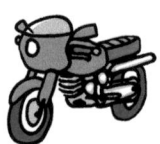

moto

isithuthuthu

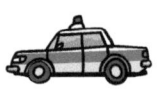

automòbil de policia

imoto yamaphoyisa

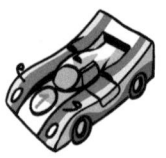

automòbil de curses

imoto ejahayo

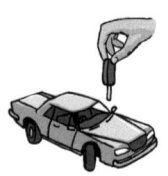

automòbil de lloguer

imoto eqashiwe

vehicle compartit
ukurenta imoto

grua
iloli eliphukile

camió de les escombraries
ithrakhi

motor
injini

benzina
amafutha

benzineria
indawo yokuthela uphethiloli

senyal de trànsit
uphawu lwethrafikhi

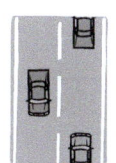

trànsit
ithrafikhi

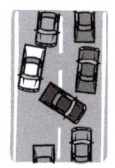

embús
ithrafikhi enkulu

aparcament
indawo yokupaka izimoto

estació de trens
isitashi sesitimela

vies
amaloli

tren
isitimela

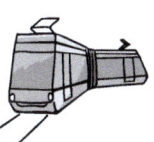

tramvia
ithilamu

vagó
inqola

helicòpter

ihelikhoptha

aeroport

isikhungo sezindiza

torre

umphongolo

passatger

iphasenja

contenidor

ikhonteyna

capsa de cartó

ikhathoni

carretó

inqola

cistella

ubhasikidi

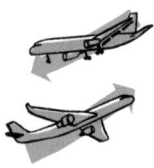

enlairar-se / aterrar

ukusuka / ukwehla

ciutat

idolobha

poble

isigodi

centre de la ciutat

i-city centre

casa

indlu

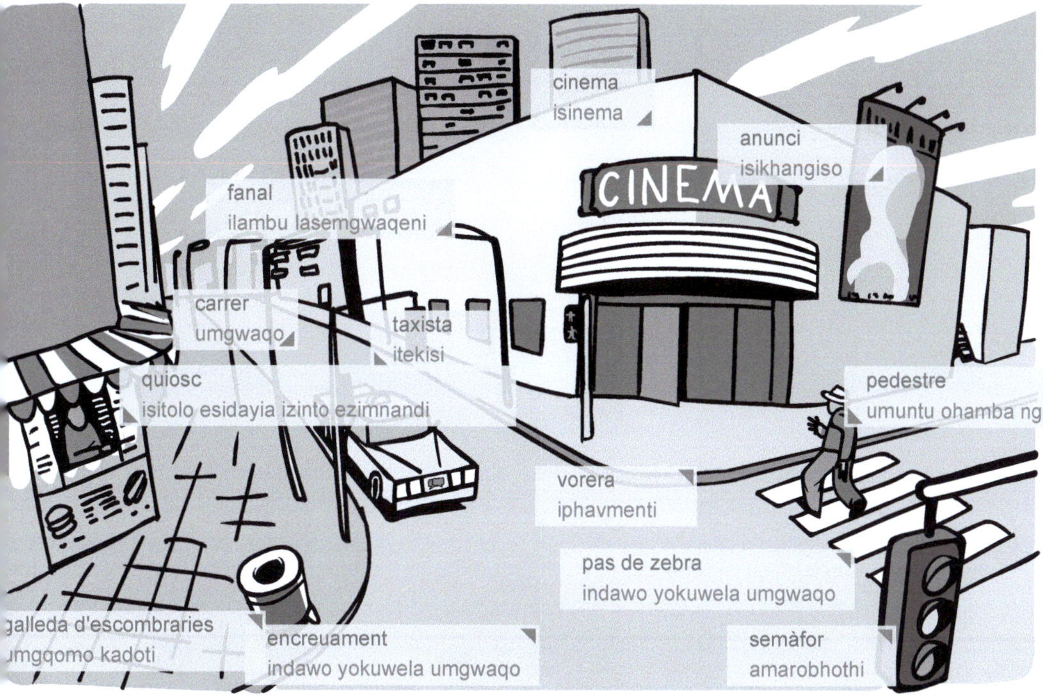

cinema
isinema

anunci
isikhangiso

fanal
ilambu lasemgwaqeni

CINEMA

carrer
umgwaqo

taxista
itekisi

quiosc
isitolo esidayia izinto ezimnandi

pedestre
umuntu ohamba nge

vorera
iphavmenti

pas de zebra
indawo yokuwela umgwaqo

galleda d'escombraries
umgqomo kadoti

encreuament
indawo yokuwela umgwaqo

semàfor
amarobhothi

cabana
....
indlu yodaka

apartament
....
i-flat

estació de trens
....
isitashi sesitimela

casa de la vila-ciutat
....
i-town hall

museu
....
imuzilemu

escola
....
isikole

universitat

inyuvesi

banca

ibhange

hospital

isibhedlela

hotel

ihhotela

farmàcia

ikhemisi

oficina

i-ofisi

llibreria

isitolo sezincwadi

botiga

esitolo

floristeria

istolo sezimbali

supermercat

emakethe enkulu

mercat

imakethe

gran magatzem

isitolo somnyango

peixateria

i-fishmonger's

centre comercial

isikhungo sezitolo

port

isikhungo semikhumbi

parc

ipaki

banc

ibhentshi

pont

ibhuloho

escala

izitezi

metro

ngaphansi komhlaba

túnel

umhubhe

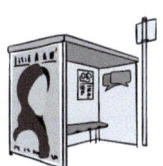

baixada d'autobús

istobhu sebhasi

bar

i-bar

restaurant

isitolo sokudlela

bústia de correu

eposini

senyal indicador

uphawu lwasemgwaqeni

parquímetre

umshini wokukhokhela
ukupaka

zoo

esiqiwini

piscina

indawo yokubhukuda

mesquita

i-mosque

granja

ifamu

pol·lució

ukungcola

cementiri

amagcwaba

església

isonto

parc infantil

igrawundi lokudlala

temple

ithempeli

paisatge
ingadi

fulla
icembe

cartell indicador
mpambano mgwaqo

camí
indlela

prat
idlelo

pedra
itshe

arbre
isihlahla

excursionista
umqwali wezintaba

riu
umfula

gespa
utshani

flor
imbali

vall

isigodi

muntanya

intaba

llac

ichibi

bosc

ihlathi

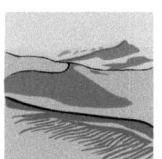

desert

ogwadule

volcà

intaba mlilo

castell

isigodlo

arc de Sant Martí

uthingo

bolet

ikhowe

palmera

isihlahla sesundu

moscard

umiyane

mosca

ukundiza

formiga

intuthwane

abella

inyosi

aranya

isicabucabu

escarabat

ibhungane

granota

ixoxo

esquirol

i-squirrel

eriçó

i-hedgehog

llebre

unogwaja

òliba

isikhova

ocell

izinyoni

cigne

idada

senglar

intibane

cervo

inyamazane

ant

i-moose

presa

idamu

turbina

i-wind turbine

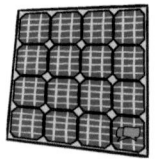

panell solar

i-solar panel

clima

isimo sezulu

restaurant
isitolo sokudlela

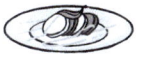

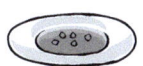

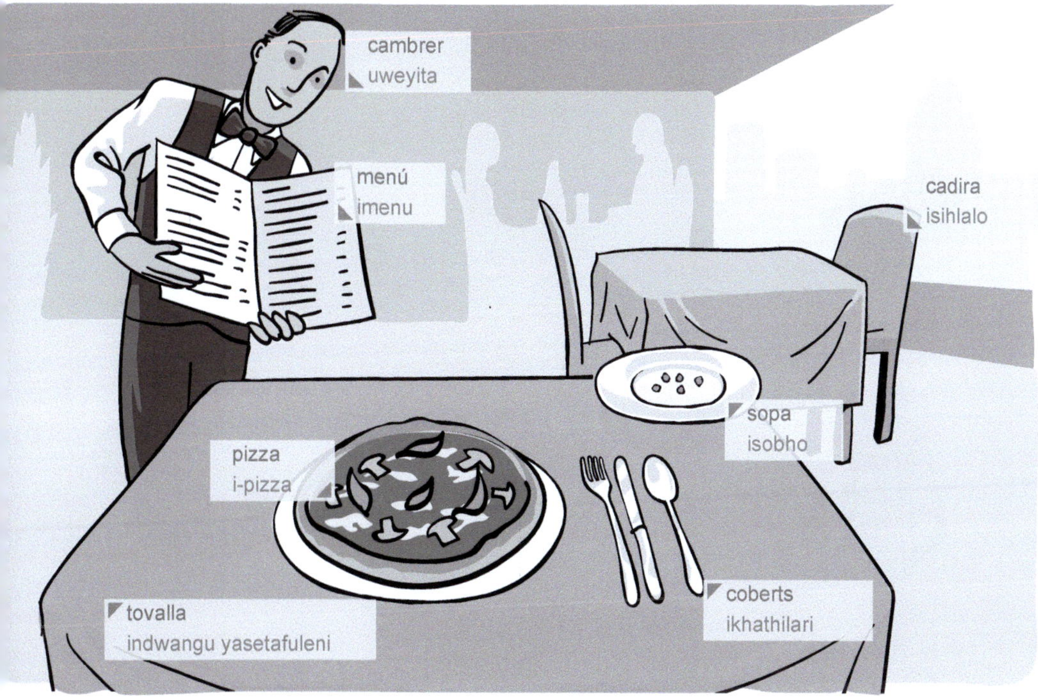
cambrer
uweyita
menú
imenu
cadira
isihlalo
sopa
isobho
pizza
i-pizza
tovalla
indwangu yasetafuleni
coberts
ikhathilari

primer plat
ukudla okulula

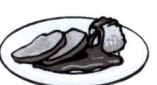

plat principal
isidlo

darreries
idizethi

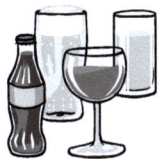

begudes
iziphuzo

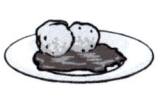

menjar
ukudla

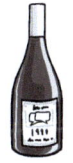

ampolla
ibhodlela

menjar ràpid

ukudla okulula

menjar de carrer

ukudla okudayiswa
emgwaqeni

tetera

ithiphothi

sucrer

isitsha sikashukela

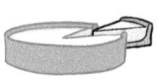

porció

ingxenye

màquina d'espresso

umshini we-ekspreso

trona

isitulo esiphezulu

factura

izindleko

plata

ithreyi

ganivet

ummese

forquilla

imfologo

cullera

ispuni

cullereta

ithispuni

tovalló

indawo yokusula umlomo

got

igilasi

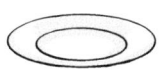

plat
ipuleti

plat de sopa
ipuleti lesobho

plateret
isoso

salsa
isosi

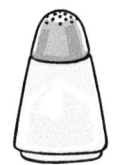

saler
isitsha sasawoti

molinet de pebre
isitsha sephepha

vinagre
uviniga

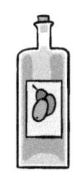

oli
amafutha

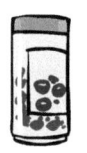

espècies
izinongo

quètxup
isosi yetamatisi

mostassa
isosi yesinaphi

maionesa
imayonesi

supermercat
emakethe enkulu

oferta especial
amanani akhethekile
FOR
client
ikhasimende
lactis
ukudla okwenziwe ngobisi
fruites
isithelo
carro de compra
ithroli

BUTCHERS

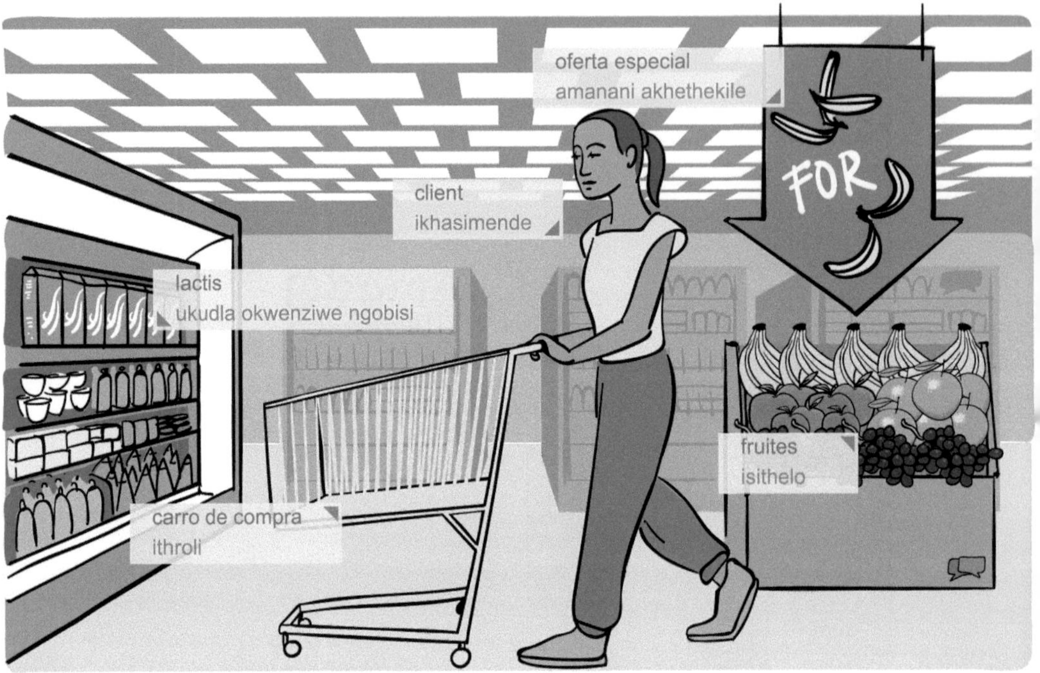

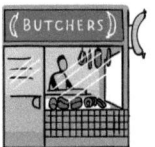

carnisseria

ebhusha

BAKERY

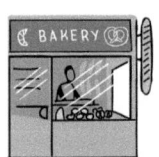

forn de pa

isitolo esidayisa isinkwa

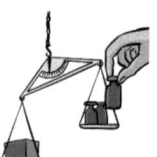

moure

kala

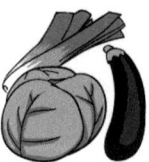

verdures

amaveji

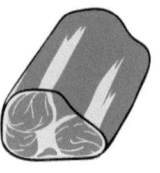

carn

inyama

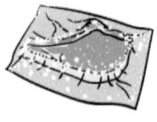

menjar congelat

ukudla okubandayo

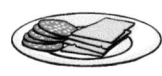

carn freda

inyama ebandayo

conserves

ukudla okusethinini

detergent en pols

insipho yokuwasha
enguphawuda

dolços

oswidi

articles domèstics

izinto zasendlini

productes de neteja

izinto zokuhlanza

venedora

umuntu odayisayo

caixa registradora

ithili

caixer

umbali wemali

llista de la compra

izinto okumelwe zithengwe

horari d'obertura

amahora okuvula

portamonedes

uwolethi

carta de crèdit

ikhadi lesikweletu

bossa

isikhwama

bossa de plàstic

isikwama sepulastiki

aigua

amanzi

suc

ijusi

llet

ubisi

coca-cola

i-coke

vi

iwayini

cervesa

ubhiya

alcohol

utshwala

cacau

i-cocoa

te

itiye

cafè

ikhofi

espresso

i-ekspreso

cappuccino

ikhaphachino

banana

ubhanana

poma

i-apula

taronja

i-olintshi

síndria

ikhabe

llimona

ulamula

pastanaga

ukherothi

all

ugaligi

bambú

umhlanga

ceba

u-anyanisi

bolet

ikhowe

avellanes

amakinati

fideus

ama-noodle

espaguetis

isipagethi

arròs

iraysi

amanida

isaladi

patates fregides

ama-chips

patates fregides

amazambane athosiwe

pizza

i-pizza

hamburguesa

ibhega

entrepà

isendiwichi

escalopa

inyama engenathambo

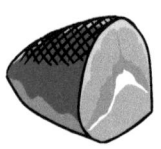

cuixot

ham

salami

salami

salsitxa

isoseji

pollastre

inkukhu

rostit

yosiwe

peix

inhlanzi

flocs de civada

iphalishi le-oats

musli

i-muesli

cereals

ama-cornflakes

farina

uflulawa

croissant

i-croissant

panet

isinkwa esiyiroli

pa

isinkwa

torrada

i-toast

bescuits

amabhiskidi

mantega

ibhotela

quallada

i-curd

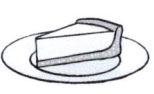

pastís

ikhekhe

ou

iqanda

ou fregit

iqanda elithosiwe

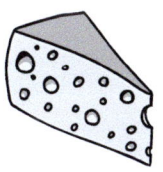

formatge

ushizi

gelat

i-ice cream

sucre

ushukela

mel

uju

melmelada

ujamu

crema de xocolata

ispredi sikashokholedi

curri

isitshulu

granja
ifamu

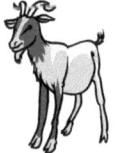

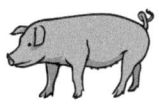

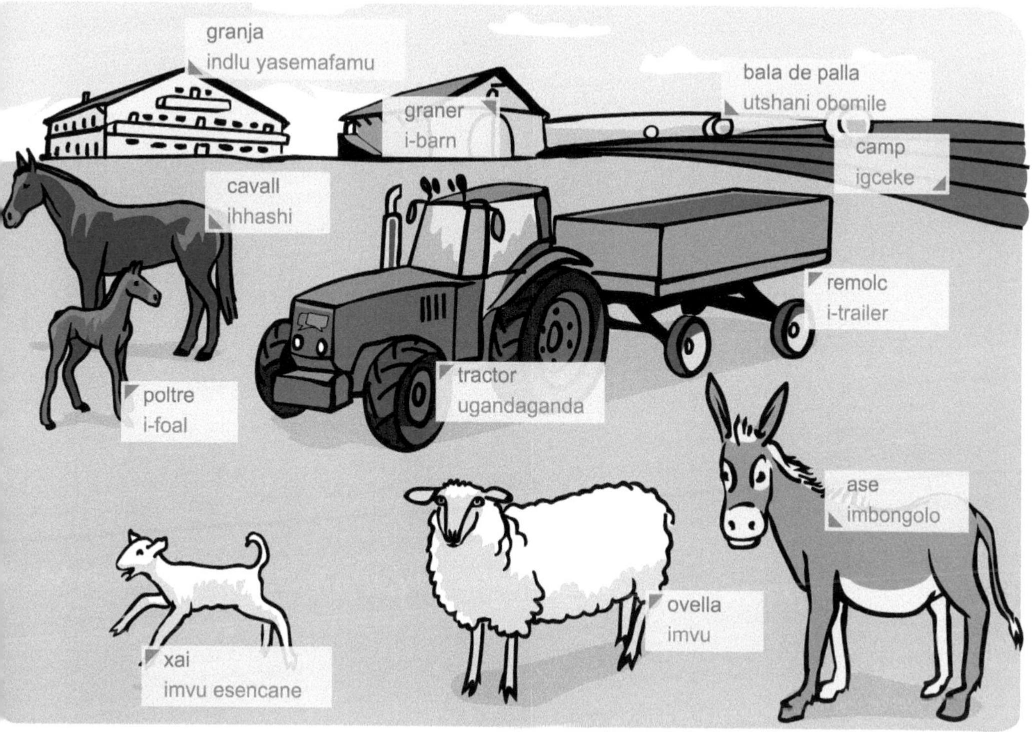

granja
indlu yasemafamu
graner
i-barn
bala de palla
utshani obomile
camp
igceke
cavall
ihhashi
remolc
i-trailer
tractor
ugandaganda
poltre
i-foal
ase
imbongolo
ovella
imvu
xai
imvu esencane

cabra
imbuzi

vaca
inkomo

vedella
ithole

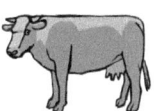

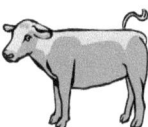

porc
ingulube

garrí
ingulube esencane

bou
inkunzi

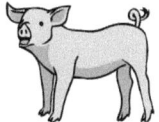

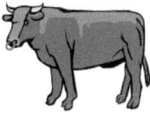

oca

ihansi

ànec

idada

poll

ichwane

gall

isikhukhukazi

gallina

iqhude

rata

igundwane

gat

ikati

ratolí

igundwane

bou

inkabi

gos

inja

gossera

indlu yenja

mànega de reg

ipayipi lokunisela

regadora

ikani lokunisela

dalla

ucelemba

arada

igeja

falç
isikela

aixada
ukhuba

rastell
imfoloko

destral
imbazo

carretó
ibhala

abeurador
umkhombe

lletera
ubusi olusekanini

sac
isaka

tanca
ifensi

establa
esitebhilini

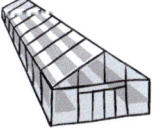

hivernacle
i-greenhouse

sòl
inhlabathi

llavor
imbewu

adob
umanyolo

collidora
ukuvuna okuhlanganisiwe

collir

vuna

collita

isivuno

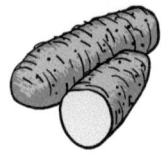

nyam

ama-yam

blat

ukolweni

soja

umbhontshisi

patata

amazambane

blat de moro o d'indi

ummbila

colza

i-rapeseed

arbre fruiter

isihlahla sezithelo

mandioca

umdumbula

cereals

amasiriyeli

casa
indlu

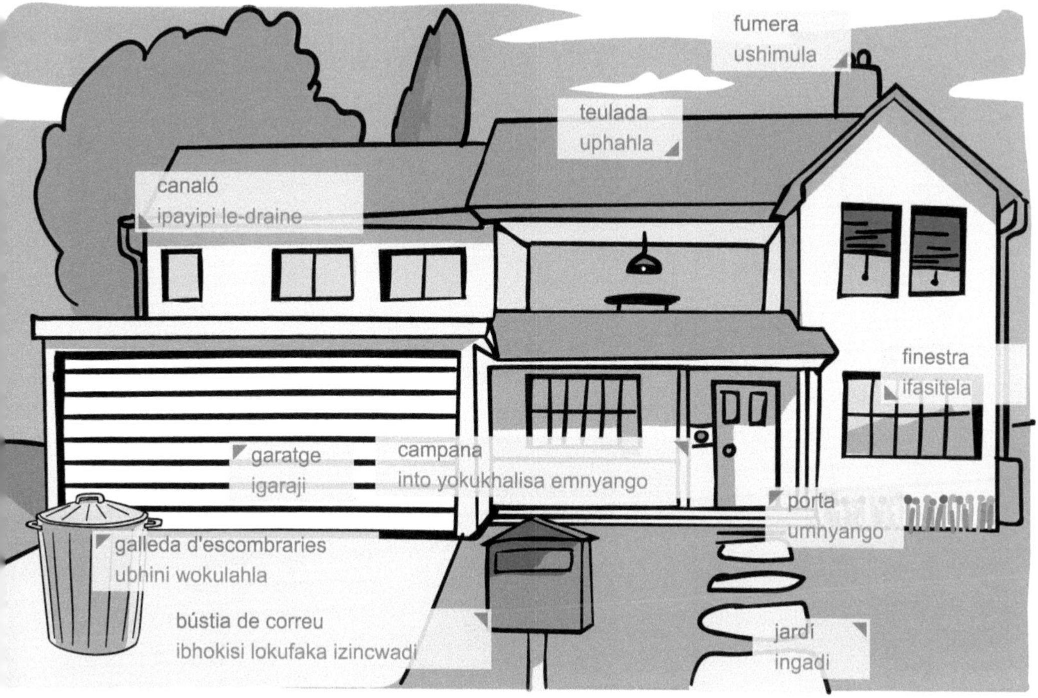

fumera
ushimula
teulada
uphahla
canaló
ipayipi le-draine
finestra
ifasitela
garatge
igaraji
campana
into yokukhalisa emnyango
porta
umnyango
galleda d'escombraries
ubhini wokulahla
bústia de correu
ibhokisi lokufaka izincwadi
jardí
ingadi

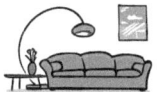

sala d'estar

igumbi lokuhlala

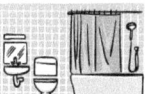

bany

igumbi lokugeza

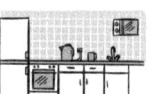

cuina

ikhishi

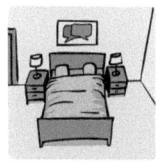

cambra de dormir

igumbi lokulala

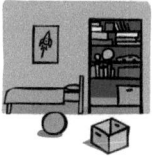

cambra de nen

igumbi lezingane

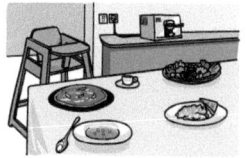

menjador

igumbi lokudlela

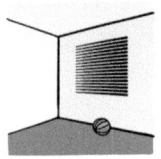

sòl
phansi

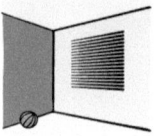

paret
udonga

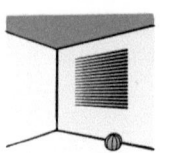

sostre
usilingi

soterrani
i-cella

sauna
i-sauna

balcó
ibhalconi

terrassa
i-terrace

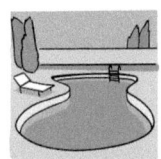

piscina
iphuli

tallagespa
umshin wokugunda utshani

vànova
ishidi

cobrellit
ingubo yokulala

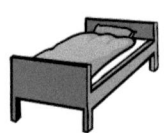

llit
umbhede

escombra
umshanelo

galleda
ibhakede

interruptor
i-switch

sala d'estar
igumbi lokuhlala

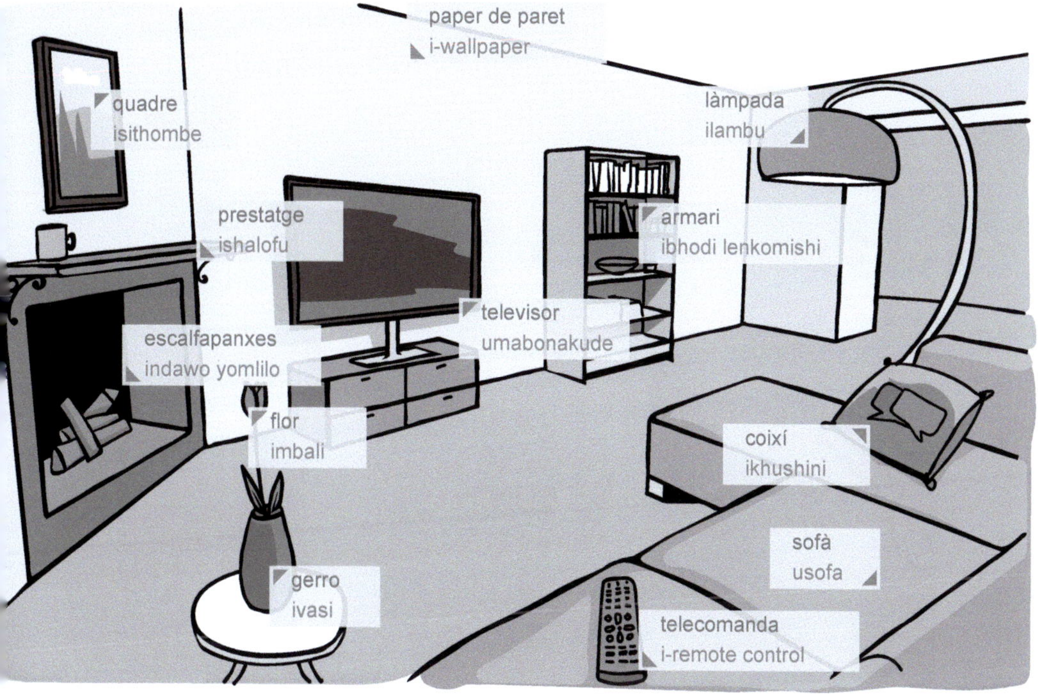

paper de paret
i-wallpaper
quadre
isithombe
làmpada
ilambu
prestatge
ishalofu
armari
ibhodi lenkomishi
televisor
umabonakude
escalfapanxes
indawo yomlilo
flor
imbali
coixí
ikhushini
sofà
usofa
gerro
ivasi
telecomanda
i-remote control

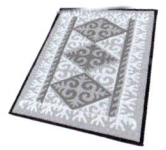

catifa
ukhaphethe

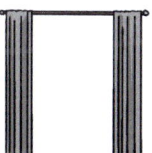

cortina
ikhethini

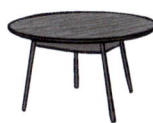

taula
itafula

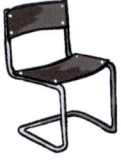

cadira
isihlalo

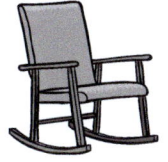

cadira gronxadora
isihlalo esinyakazayo

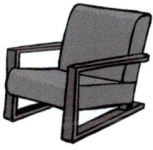

cadiral
isihlalo esingangengalo

llibre

incwadi

llençol

ingubo

decoració

ukuhlobisa

foguera

izinkuni zokubasa

film

ifilimu

cadena de música

izinto ze-hi-fi

clau

ukhiye

diari

iphephandaba

pintura

ukupenda

cartell

iphosta

ràdio

umsakazo

bloc de notes

i-notepad

aspiradora

ihuva

cactus

i-cactus

candela

ikhandlela

cuina
ikhishi

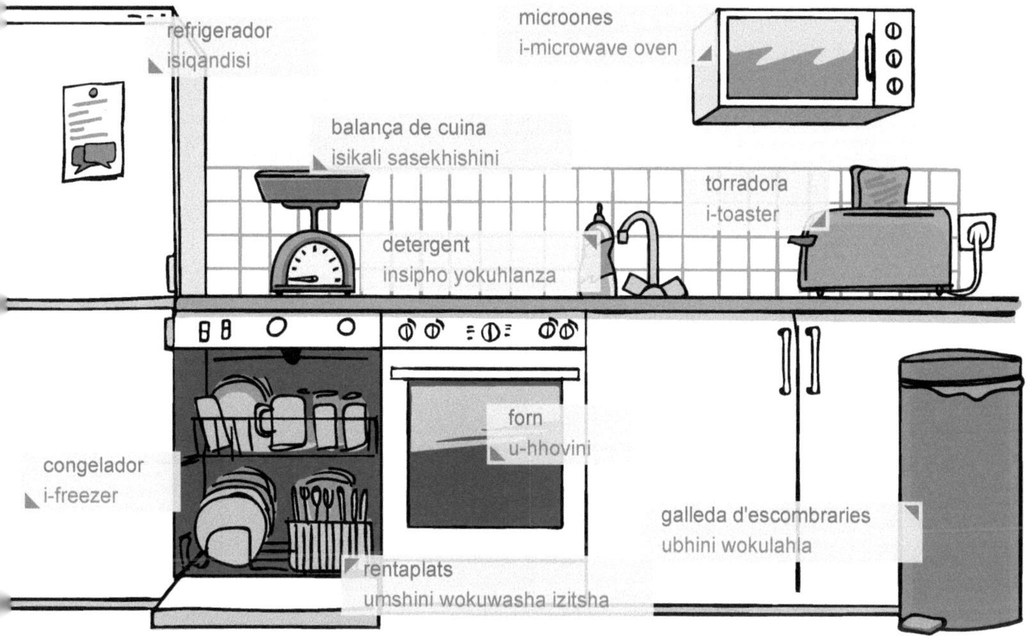

refrigerador
isiqandisi
microones
i-microwave oven
balança de cuina
isikali sasekhishini
torradora
i-toaster
detergent
insipho yokuhlanza
forn
u-hhovini
congelador
i-freezer
galleda d'escombraries
ubhini wokulahla
rentaplats
umshini wokuwasha izitsha

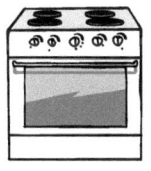

fogons

umshini wokupheka

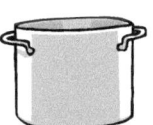

olla

ibhodwe

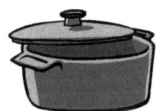

olla de ferro colat

ibhodwe le-cast iron

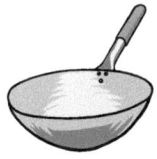

wok / karahi

i-wok / kadai

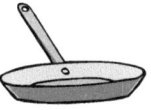

paella

ipani

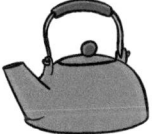

bullidor

iketela

olla de vapor

i-steamer

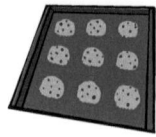

plata de forn

ithreyi lokubhaka

vaixella

izitsha zokudla

tassó

imaki

bol

isitsha

bastonets xinesos

izinti zendwangu

culler

isixembe sokuphaka

espàtula

ispathula

batedor

i-whisk

colador

i-strainer

sedàs

isisefo

ratllador

igretha

morter

isitsha sodaka

barbacoa

i-barbecue

fogó

umlilo

taula de tallar

ibhodi lokuqoba

corró

ipini lokurola

llevataps

iskrew

pot de conserva

ikani

obridor

into yokuvula ikani

agafador

indwangu yokubamba
ibhodwe

aigüera

usinki

raspall

i-brush

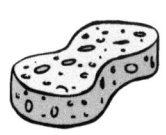

esponja

isiponji

batedora

ibhlenda

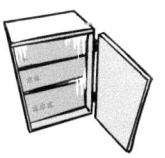

congelador

i-deep freezer

biberó

ibhodlela lengane

aixeta

umpompi

bany
igumbi lokugeza

calefacció
isifudumezo
tovallola
ithawula
dutxa
ishawa
cortina de dutxa
ikhethini leshawa
bany de bombollles
insipho yokugeza eyenza amagwebu
banyera
ubhavu
rentadora
umshini wokuwasha
rajoles
amathayizi
got
igilasi
aixeta
umpompi
orinal
ithoyilethi lezingane
aigüera
usinki

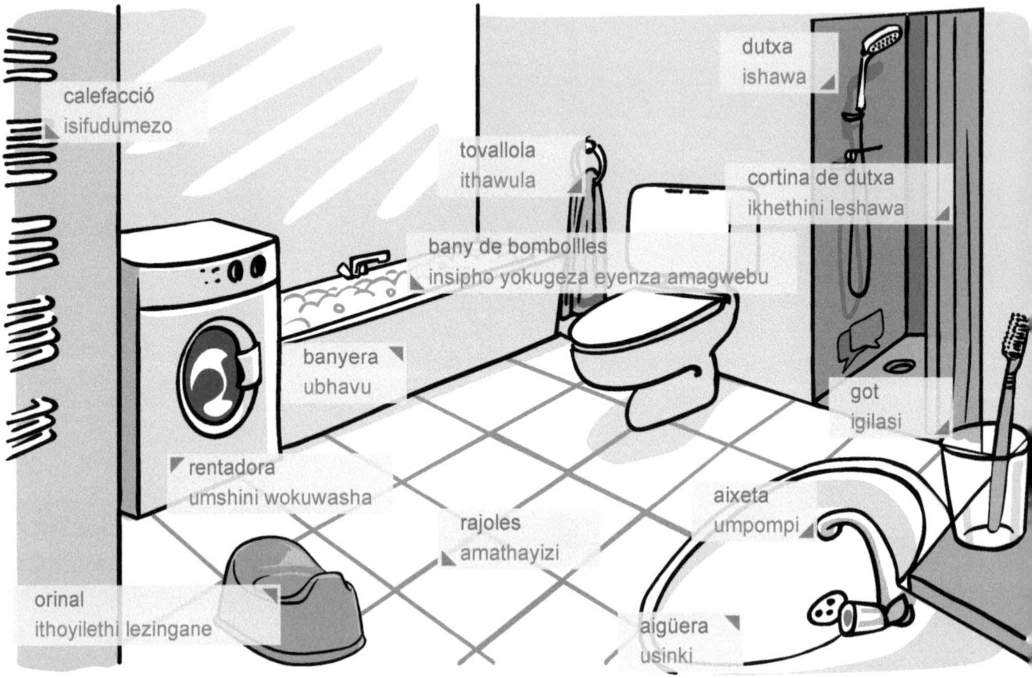

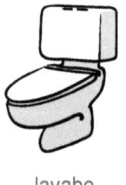

lavabo

ithoyilethi

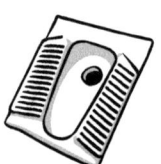

lavabo turc

ithoyilethi oqoshama kuyo

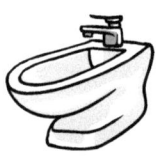

bidet

ithoyilethi le-bidet

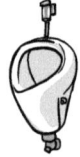

orinador

ithoyilethi lokuchama labesilisa

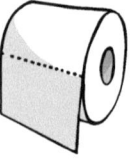

paper higiènic

iphepha lasethoyilethi

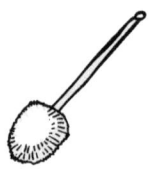

escombreta de sanitari

ibhrashi lasethoyilethi

raspall de dents

ibhrashi lamazinyo

pasta de dents

insipho yamazinyo

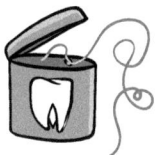

fil dental

into yokuvungula

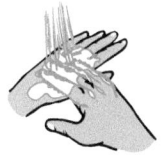

rentar

washa

pom de dutxa

ishawa ebanjwa ngesandla

dutxa íntima

uchatho

rentamans

u-basini

raspall per a l'esquena

ibrashi lomhlane

sabó

insipho

gel de dutxa

ijeli yeshawa

xampú

ishampu

manyopla de bany

ishethi lesikoshi

bonera

i-drain

crema

ukhilimu

desodorant

into yokugcoba
amakhwapha

mirall

isibuko

mirall-espill de mà

isibuko esiphathwa
ngesandla

maquineta de rasar

ireyza

espuma de barbejar

igwebu lokushefa

loció post-rasada

umuthi ogcotshwa ngemva
kokushefa

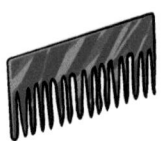

pinta

ikama

raspall

ibhrashi

eixugador

into yokomisa izinwele

laca

ispreyi sezinwele

maquillatge

i-makeup

pintallavis

into yokugcoba umlomo

esmalt d'ungles

into yokususa upende
wezinzipho

cotó

uwuli kakotini

tallaungles

isikelo sezinzipho

perfum

isigqolo

necesser

isikhwama sezinto
zokugeza

tamboret

isitulo

bàscula

isikali

barnús

ingubo yokugeza

guants de goma

amagilavu erabha

tampó

ithemponi

compresa

iphedi yasesikhathini

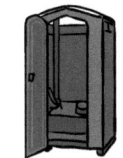

sanitari químic

ithoyilethi lekhemikhali

cambra de nen
igumbi lezingane

despertador
i-alamu yewashi elichonywayo
animal de peluix
ithoyizi lokudlala
auto de joguina
imoto eyithoyizi
sonall
i-rattle
casa de nines
indlu kanodoli
present
isiphongo

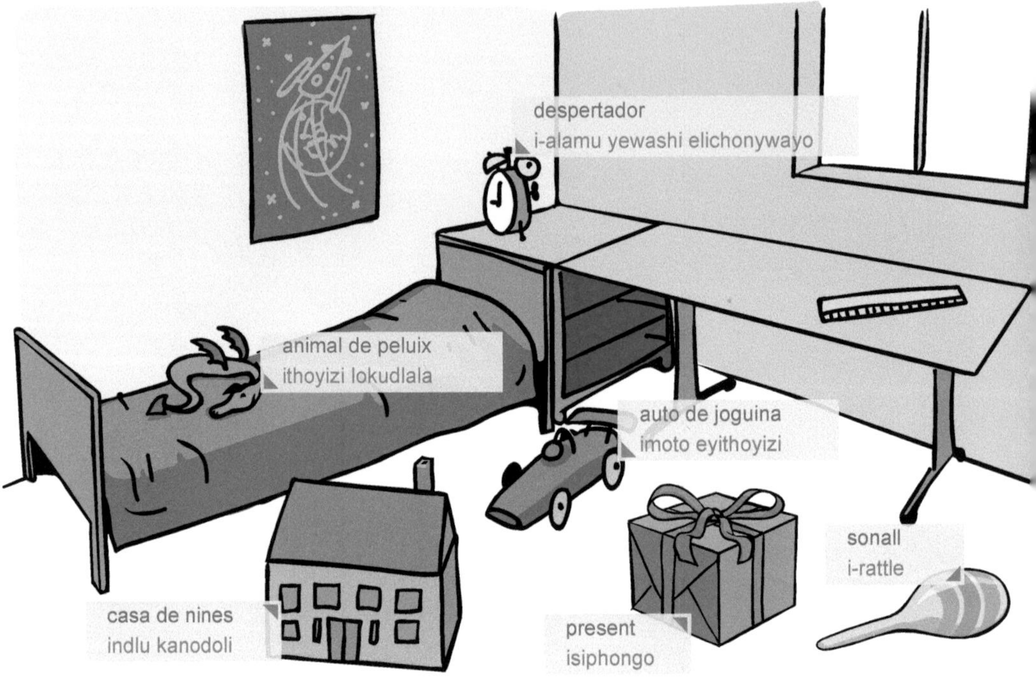

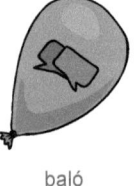

baló

ibhaluni

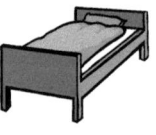

llit

umbhede

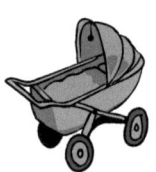

cotxet per a nens

iphremu

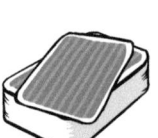

joc de cartes

amakhadi

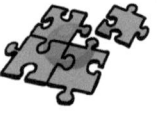

trencaclosca

i-jigsaw

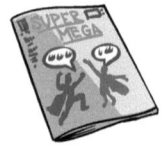

historieta

indaba edwetshiwe

peces de lego

amabrick elego

pedres de construcció

amabhuloksi okwakha

ninot d'acció

unodoli weqhawe

granota

izimpahla zezingane

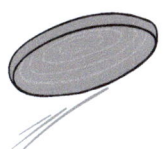

frisbee

i-frisbee

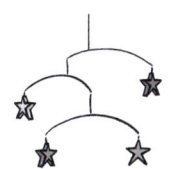

mòbil per a bressol

amathoyizi ezingane
alengayo

joc de taula

ibhodi lokudlala igemu

daus

idayisi

tren elèctric

isethi yesitimela

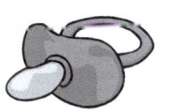

maniquí

idemu

festa

iphathi

llibre de dibuixos

incwadi yezithombe

pilota

ibhola

nina

unodoli

jugar

dlala

sorrera
....
umgodi wenhlabathi

gronxador
....
uzwinki

joguines
....
amathoyizi

consola de jocs de vídeo
....
umshini wamavidiyo geymu

tricicle
....
ibhayisikili elinemasondo
amathathu

osset de pelfa
....
uthedibhe

armari
....
u-wardrobe

roba

izimpahla

mitjons
....
amasokisi

mitges
....
amastokhingi

mitja pantaló
....
amathayithi

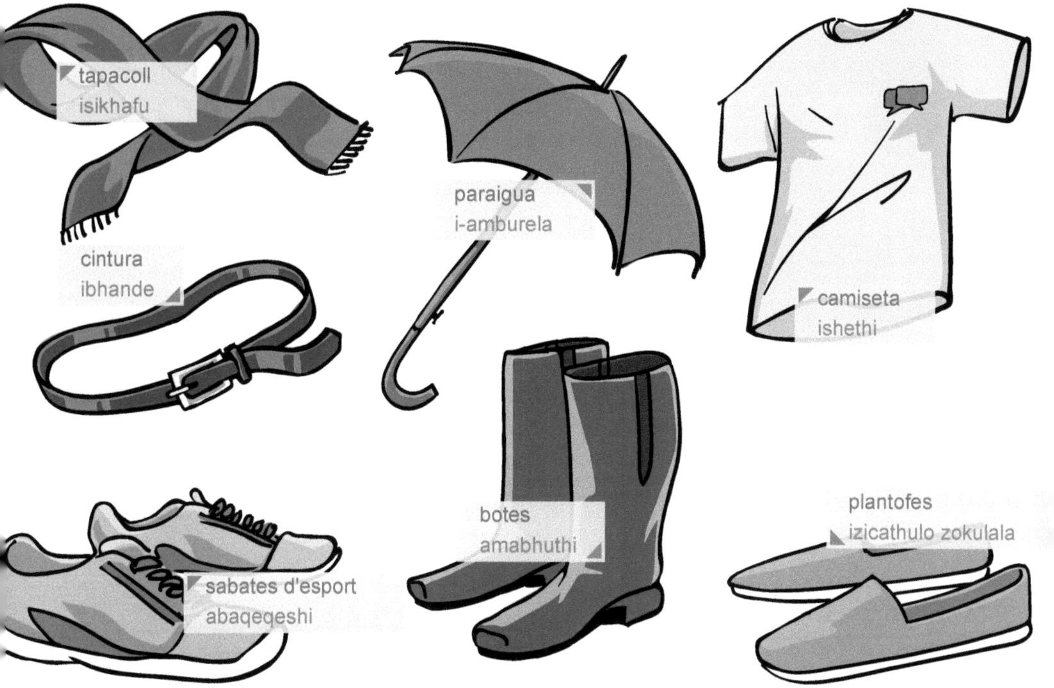

tapaçoll
isikhafu

paraigua
i-amburela

camiseta
ishethi

cintura
ibhande

botes
amabhuthi

plantofes
izicathulo zokulala

sabates d'esport
abaqeqeshi

sandàlies
....
amasandali

sabates
....
izicathulo

botes de goma
....
amabhuthi erabha

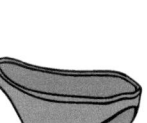

calçotets
....
iphenti

sostenidor
....
u-bra

guardapits
....
ivesti

bodi

umzimba

pantalons

amabhulukwe

jeans

amajini

faldeta

isiketi

brusa

isikibha

camisa

ishethi

jersei

ijezi elinezigqoko

dessuadora

i-hoodie

blazer

ibhuleyiza

jaqueta

ijakhethi

mantell

ijazi

impermeable

i-raincoat

vestit de dona

ikhosyumu

vestit de dona

ingubo

vestit de núvia

ingubo yomshado

vestit d'home

isudu

camisa de dormir

ingubo yokulala

pijama

amaphijama

sari

ingubo yesari

mocador de cap

isikhafu

turbant

isigqoko se-turban

burca

ibhukha

caftan

ingubo yekaftani

abaia

abaya

vestit de bany

impahla yokubhukuda

calçotet de bany

amathranki

pantalons curts

isikhindi

xandall

i-tracksuit

davantal

ingubo yokupheka

guants

amagilavu

botó

ibhathini

ulleres

izibuko

braçalet

ibhengela

collaret

umgexo

anell

indandatho

orellera

amacici

casquet

ikepisi

penjador

into yokuhenga ijazi

barret

isigqoko

corbata

uthayi

cremallera

uziphu

casc

ihelmethi

elàstics

ama-braces

uniforme escolar

iyunifomu yesikole

uniforme

iyunifomu

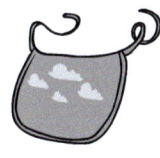

pitet

ibhayi lengane

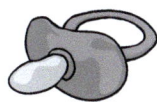

maniquí

idemu

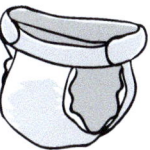

bolquer

inabukeni

oficina
i-ofisi

servidor
iseva
armari arxivador
ikhabethe lamafayela
paper
iphepha
impressora
umshin wokuphrinta
monitor
imonitha
ratolí
imawusi
escriptori
ideski
arxivador
ifolda
teclat
ikhibhodi
aperera
ohaskidi yokulahla amaphepha
cadira
isihlalo
ordinador
ikhompyutha

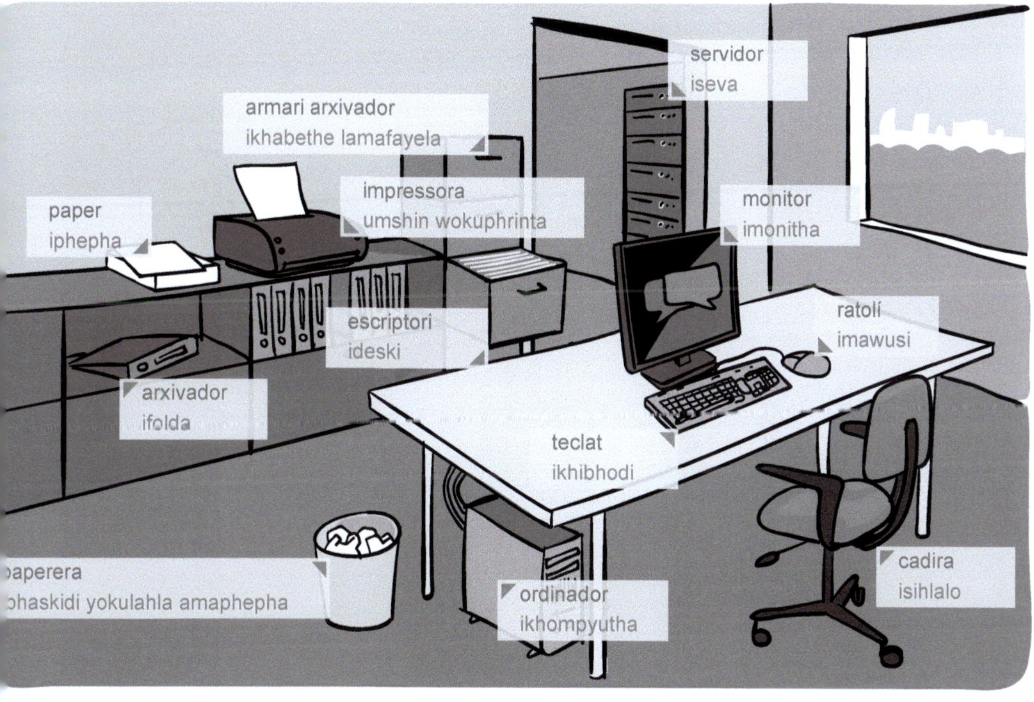

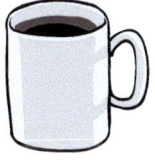

tassa de cafè

imagi yekhofi

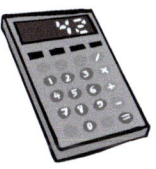

calculadora

ikhalkhuletha

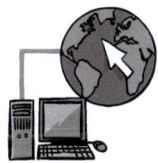

Internet

i-inthanethi

ordinador portàtil

ilephuthophu

lletra

incwadi

missatge

umyalezo

mòbil

ifoni

xarxa

inethiwekhi

fotocopiadora

ifothokhophi

programari

i-software

telèfon

ucingo

presa de corrent

indawo yokupulaka

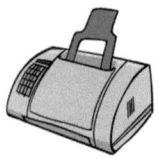

fax

umshini wokufeksa

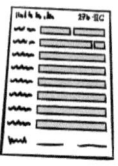

formulari

ifomu

document

idokhumenti

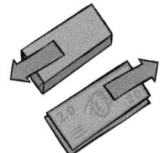

comprar
·········
thenga

pagar
·········
khokha

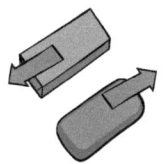

comerciar
·········
shintshana

diners
·········
imali

dòlar
·········
idola

euro
·········
i-euro

ien
·········
iyen

ruble
·········
i-rouble

franc suís
·········
iSwiss franc

renminbi yuan
·········
i-renminbi yuan

rupia
·········
i-rupee

caixer automàtic
·········
umshini wokukhipha imali

oficina de canvi
....
i-bureau de change

or
....
igolide

argent
....
isiliva

petroli
....
amafutha

energia
....
amandla

preu
....
inani lemali

contracte
....
ukuxhumana

impost
....
intela

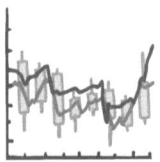

acció
....
isitokwe

treballar
....
sebenza

treballador
....
isisebenzi

empresari
....
umqashi

fàbrica
....
ifekthri

botiga
....
esitolo

oficis

imisebenzi

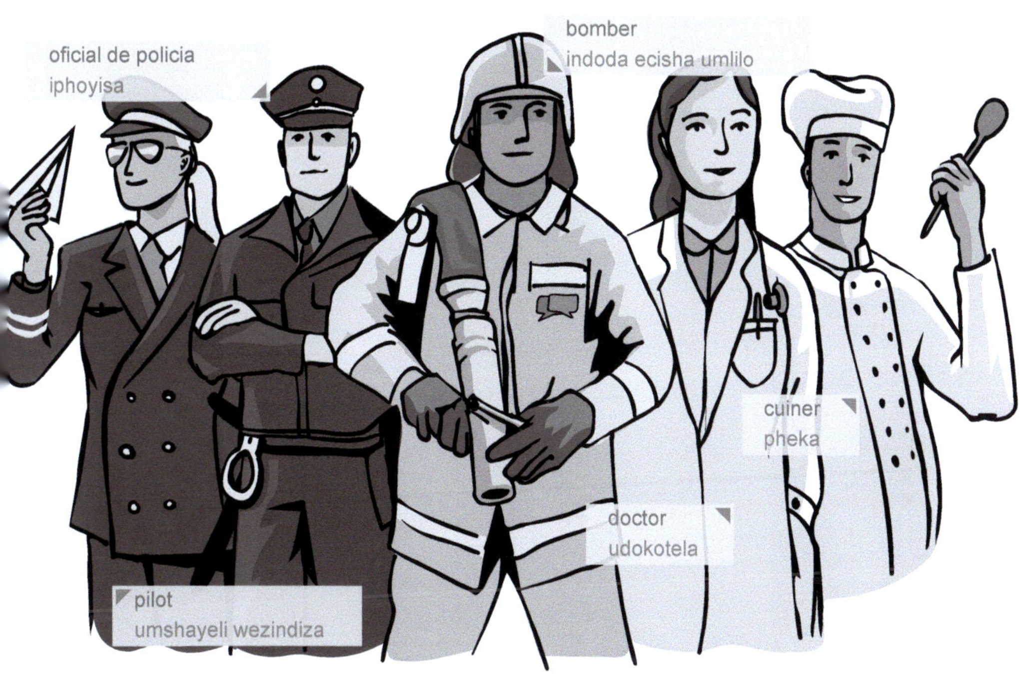
oficial de policia
iphoyisa
bomber
indoda ecisha umlilo
cuiner
pheka
doctor
udokotela
pilot
umshayeli wezindiza

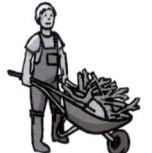

jardiner

umuntu onakekela ingadi

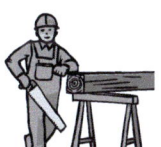

fuster

umbazi

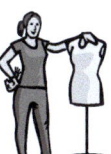

costurer

umthungi

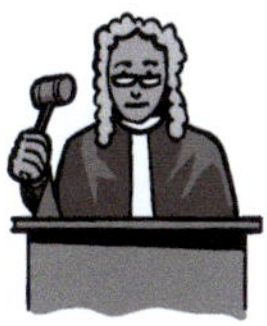

jutge

ijaji

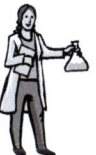

químic

umuntu osebenza ekhemisi

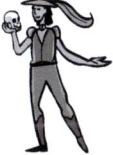

actor

umlingisi

conductor d'autobús

umshayeli webhasi

taxista

umshayeli wetekisi

pescador

indoda edoba izinhlanzi

dona de la neteja

owesifazane ohlanzayo

ensostrador

umuntu olungisa uphahla

cambrer

uweyita

caçador

umzingeli

pintor

umuntu opendayo

forner

umbhaki

electricista

umuntu osebenza ngogesi

obrer de la construcció

umakhi

enginyer

unjiniyela

carnisser

indawo edayisa inyama

llanterner

umuntu osebenza
ngamapayipi

correu

indoda yaseposini

soldat

isosha

arquitecte

umdwebi wezakhiwo

caixer

umbali wemali

florista

umuntu otshala izimbali

perruquer

umuntu owenza izinwele

revisor

umqondisi wasesitimeleni

mecànic

umakhenikha

capità

ukaputeni

dentista

udokotela wamazinyo

científic

usosayensi

rabí

urabi

imam

imam

monjo

indela

cura

umfundisi

eines
amathuluzi

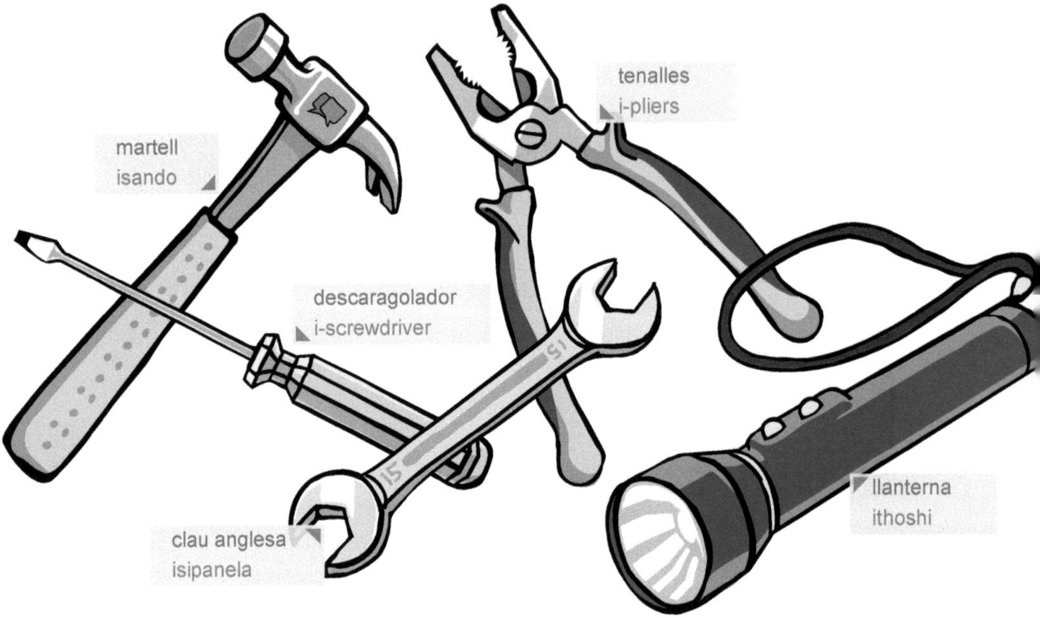
martell
isando
tenalles
i-pliers
descaragolador
i-screwdriver
clau anglesa
isipanela
llanterna
ithoshi

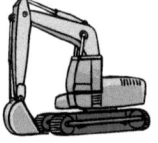

excavadora

umshini wokumba

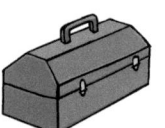

caixa d'eines

ibhokisi lamathuluzi

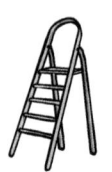

escala

isitebhisi

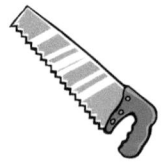

serra

isaha

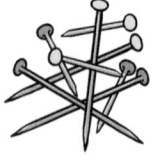

claus

izinzipho

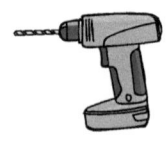

trepant

i-drill

reparar

lungisa

pala

ifosholo

Maleït siga!

Damethi!

pala

idastipheni

pot de pintura

ithini likapende

caragols

i-screws

instrument de música

izinsimbi zomculo

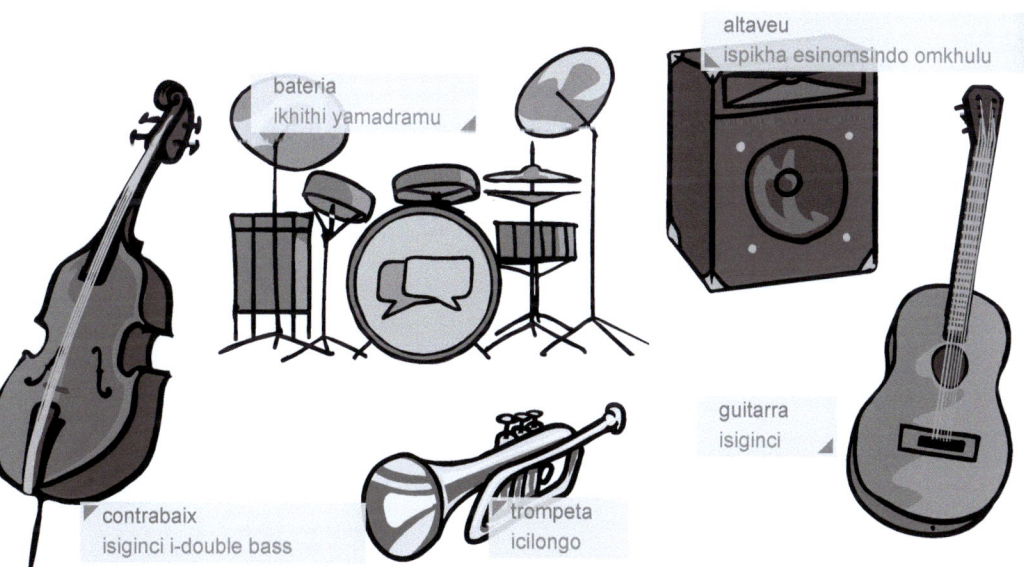

altaveu
ispikha esinomsindo omkhulu

bateria
ikhithi yamadramu

guitarra
isiginci

contrabaix
isiginci i-double bass

trompeta
icilongo

piano

ipiyano

violí

ivayolini

baix

i-bass

timbal

ithimpani

tambor

amadramu

teclat

i-keyboard

saxofon

i-saxophone

flauta

umtshingo

micròfon

imakhrofoni

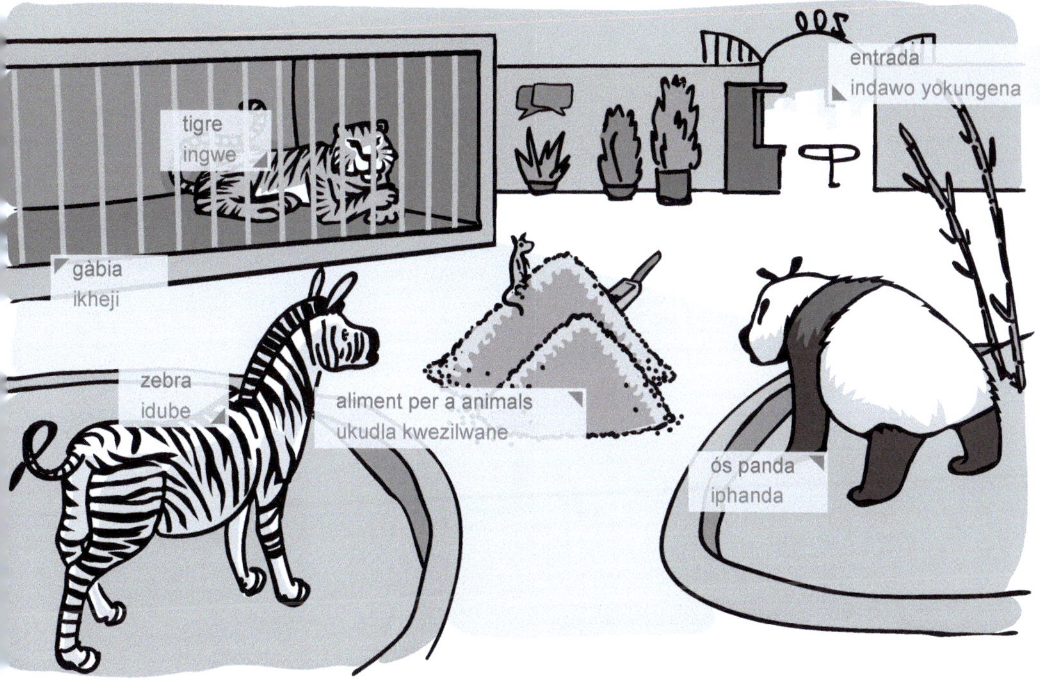

tigre
ingwe

entrada
indawo yókungena

gàbia
ikheji

zebra
idube

aliment per a animals
ukudla kwezilwane

ós panda
iphanda

animals

izilwane

elefant

indlovu

cangurú

ikhangaru

rinoceront

ubhejane

goril·la

igorila

ós

ibhele

camell

ikamela

estruç

intshe

lleó

ingonyama

simi

inkawu

flamenc

i-flamingo

papagai

upholi

ós polar

ibhele laseqhweni

pingüí

iphenguwini

ca mari

ushaka

paó

ipigogo

serp

inyoka

cocodril

ingwenya

guardià del zoo

umgcini wezilwane

foca

isilwane saseqhweni

jaguar

ijaguwa

poni

iponi

lleopard

ingwe

hipopòtam

imvubu

girafa

indlulamithi

àliga

ukhozi

senglar

intibane

peix

inhlanzi

tortuga

ufudu

morsa

i-walrus

guineu

ujakalase

gasela

inyamazane igazele

zoo - esiqiwini

futbol americà
ibhola lezinyawo laseMelika

ciclisme
umdlali webhayisikili

tenis
ithenisi

bàsquet
ibhola lomnqankiswano

natació
ukubhukuda

boxa
isibhakela

hoquei sobre gel
i-ice hockey

futbol americà

ibhola lezinyawo

bàdminton

i-badminton

atletisme

abasubathi

handbol

ibhola lezandla

esquí

ukushushuluza

polo

ipolo

activitats
imisebenzi

saltar
gxuma
abraçar
haga
riure
hleka
anar
hamba
cantar
cula
somiar
phupha
pregar
thandaza
fer un petó
cabuza

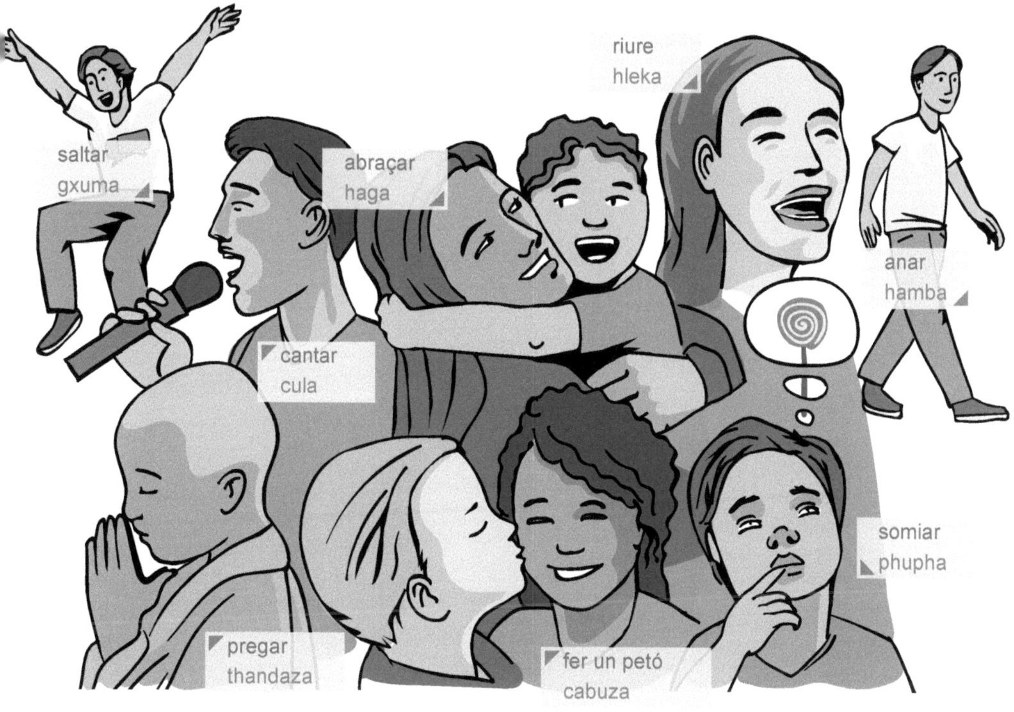

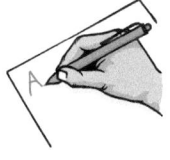

escriure
bhala

dibuixar
dweba

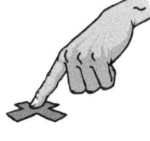

mostrar
bonisa

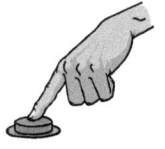

empènyer
phusha

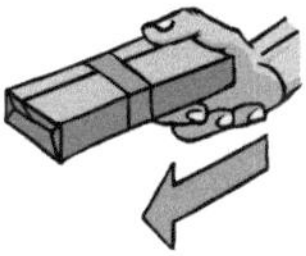

donar
nikeza

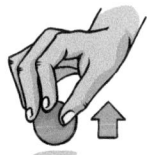

prendre
thatha

tenir

yiba

fer

yenza

ésser

yiba

estar dret

sukuma

córrer

gijima

estirar

donsa

llençar

phonsa

caure

yiwa

jeure

amanga

esperar

linda

portar

thwala

asseure's

hlala

vestir-se

gqoka

dormir

lala

despertar-se

vuka

mirar

bukela

plorar

khala

picar

qhweba

pentinar

kama

parlar

khuluma

comprendre

qonda

demanar

buza

escoltar

lalela

beure

phuza

menjar

idla

endreçar

coca

estimar

thanda

cuinar

pheka

conduir

shayela

volar

ndiza

navegar

hamba ngomkhumbi

calcular

bala

llegir

funda

aprendre

funda

treballar

sebenza

casar-se

shada

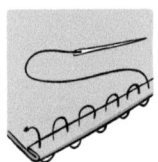

cosir

thunga

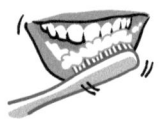

raspallar-se les dents

geza amazinyo

matar

bulala

fumar

bhema

enviar

thumela

família

umndeni

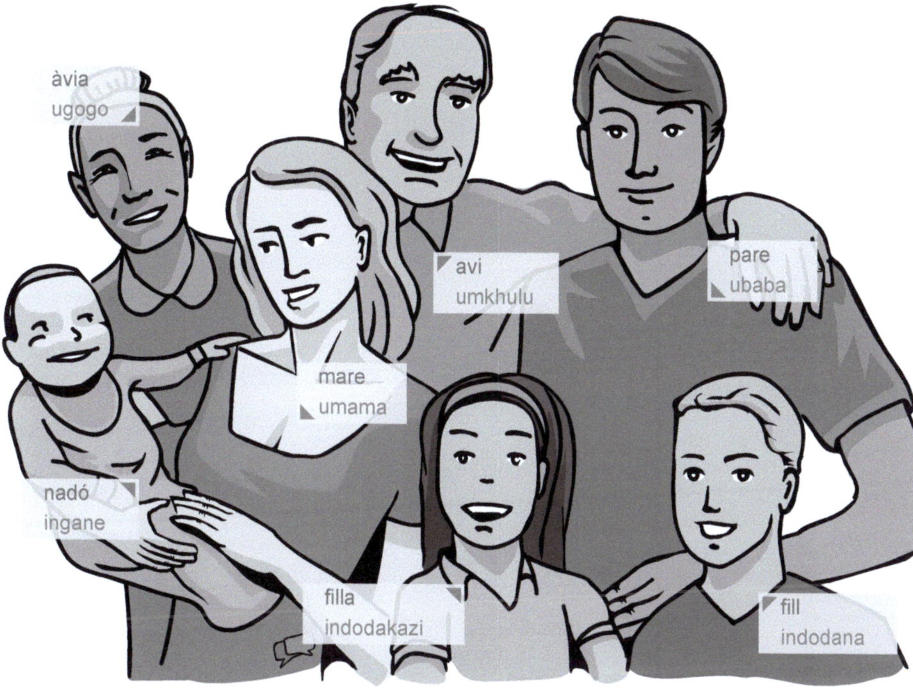

àvia
ugogo
avi
umkhulu
pare
ubaba
mare
umama
nadó
ingane
filla
indodakazi
fill
indodana

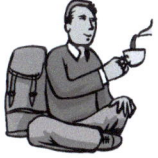

convidat

isivakashi

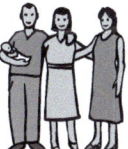

tia

u-anti

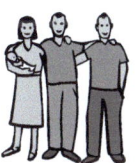

oncle

umalume

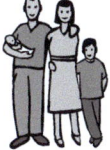

germà

umfowethu

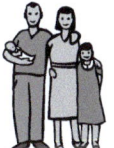

germana

udadewethu

cos

umzimba

front
isiphongo
ull
amehlo
espatlla
ihlombe
dit
umunwe
cara
ubuso
barbeta
isilevu
mà
isandla
cama
umlenze
pit
amabele
braç
ingalo

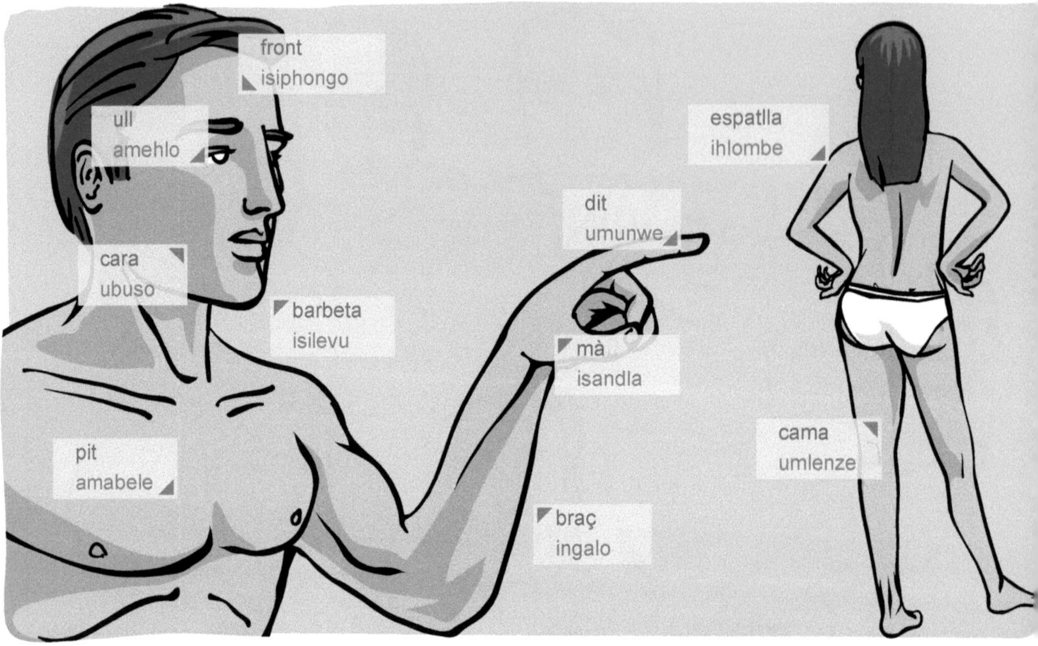

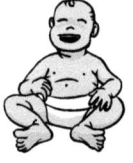

nadó

ingane

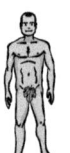

home

indoda

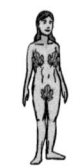

dona

owesifazane

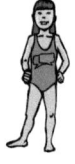

noia

intombazane

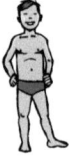

noi

umfana

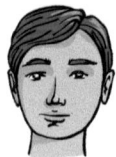

cap

ikhanda

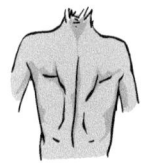

esquena

umhlane

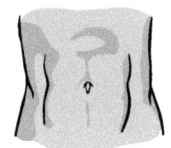

panxa

isisu

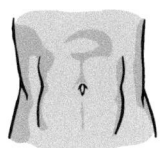

melic

inkaba

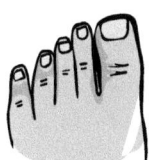

dit gros del peu

izinzwane

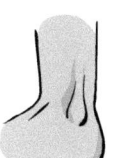

taló

isithende

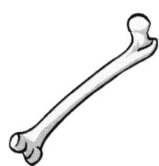

os

ithambo

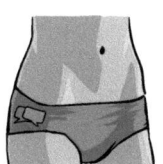

maluc

inqulu

genoll

idolo

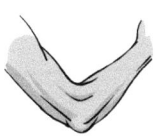

colze

indololwane

nas

ikhala

cul

ingenzansi

pell

isikhumba

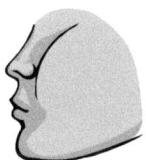

galta

iziqhomo

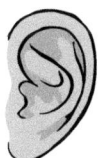

orella

indlebe

llavi

udebe

boca
umlomo

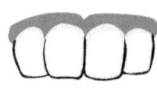

dent
amazinyo

llengua
ulimu

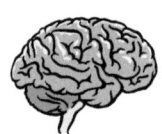

cervell
ingqondo

cor
inhliziyo

múscul
imasela

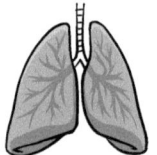

pulmó
uphaphe

fetge
isibindi

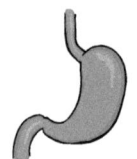

estómac
isisu

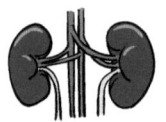

ronyó
izinso

sexe
ucansi

preservatiu
ikhondomu

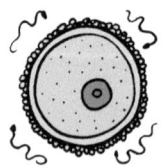

ovari
iqanda

semen
isidoda

prenyat
ukukhulelwa

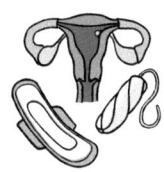

menstruació

ukuya esikhathini

vagina

imomozi

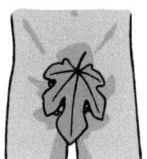

penis

umthondo

cella

ishiya

cabells

izinwele

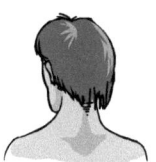

coll

intamo

hospital
isibhedlela

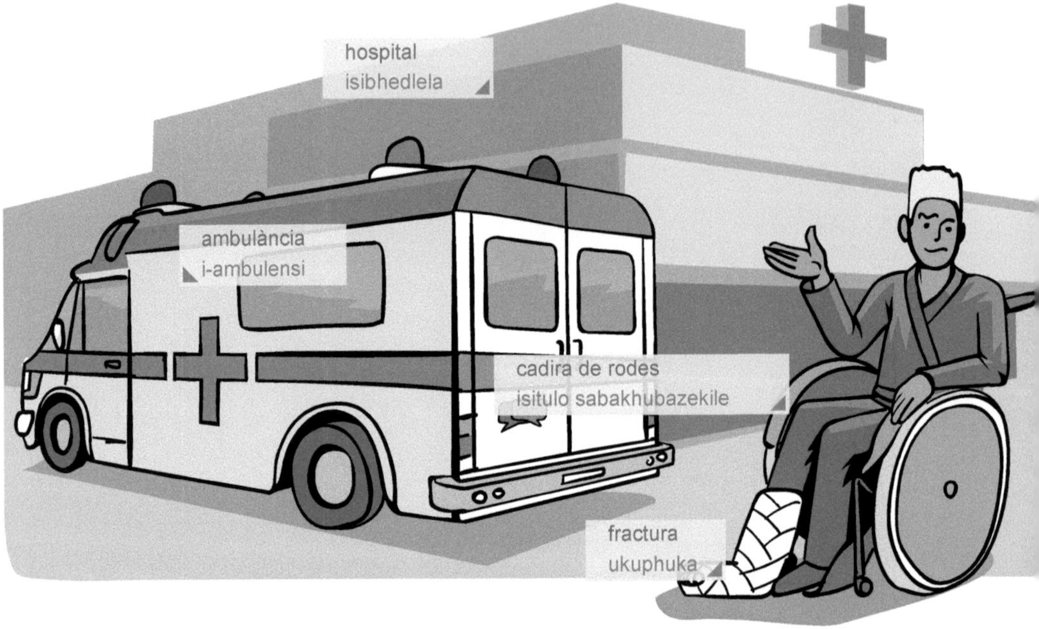

hospital
isibhedlela
ambulància
i-ambulensi
cadira de rodes
isitulo sabakhubazekile
fractura
ukuphuka

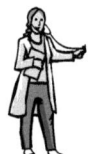

doctor

udokotela

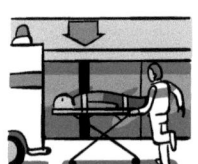

sala d'urgències

igumbi leziguli ezidinga ukwelashwa okuphuthumayo

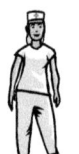

infermera

umhlengikazi

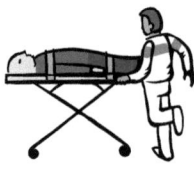

urgència

izimo eziphuthumayo

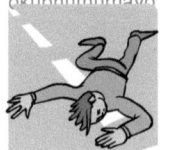

inconscient

ukuquleka

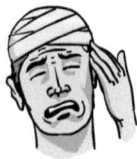

dolor

ubuhlungu

ferida

ukulimala

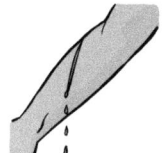

sagnament

ukopha

atac de cor

isifo senhliziyo

apoplexia

ukushaywa unhlangothi

al·lèrgia

ukungazwani komzimba
nezinto ezithile

tos

ukukhwehlela

febre

imfiva

gripa

umkhuhlane

diarrea

ukuhuda

mal de cap

ukuphathwa ikhanda

càncer

umdlavuza

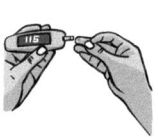

diabetis

isifo sikashukela

cirurgià

udokotela ohlinzayo

escalpel

isikalpheli

operació

ukuhlinzwa

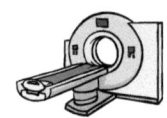

tomografia computada (TC), TAC
CT

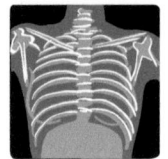

raigs x
i-x-ray

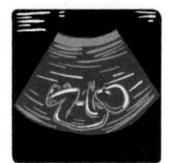

ultrasò
i-ultrasound

mascareta
imaskhi yasebusweni

malaltia
isifo

sala d'espera
igumbi lokulinda

crossa
izinduko zokuhamba

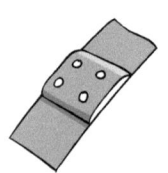

tireta
iplasta

embenat
ibhandishi

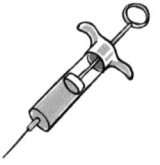

injecció
umjovo

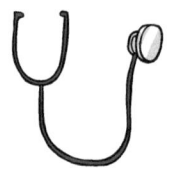

estetoscopi
izipopolo zikadokotela

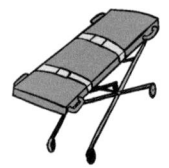

llitera
i-stretcher

termòmetre clínic
umshini okala izinga lokushisa

pariment
ukubeletha

sobrepès
ukukhuluphala ngokweqile

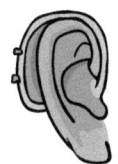

aparell auditiu

insizwa yokuzwa

desinfectant

ukungatheleleki

infecció

ukutheleleka

virus

ivariyasi

VIH / SIDA

HIV / AIDS

medicina

umuthi

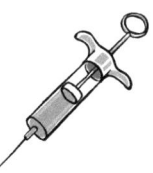

vaccí

umgomo

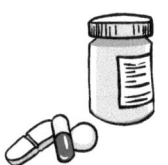

comprimits

amaphilisi

pastilla

amaphilisi

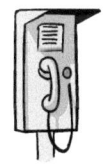

trucada d'urgència

ucingo oluphuthumayo

tensiòmetre

umshini okala umfutho wegazi

malalt / sa

ukugula / ukuba umqemane

alarma

i-alamu

assalt

ukuhlasela

Socors!

Sizani!

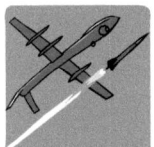

atac

ukuhlasela

perill

ingozi

sortida d'urgència

indawo yokubalekela
ngaphansi kwezimo
eziphuthumayo

Foc!

Umlimo!

extintor

isicimamlilo

accident

ingozi

farmaciola de primers
auxilis

ikhithi yosizo lokuqala

SOS

SOS

policia

amaphoyisa

Europa

Europe

Amèrica del Nord

North America

Amèrica del Sud

South America

Àfrica

Africa

Àsia

Asia

Austràlia

Australia

Atlàntic

Atlantic

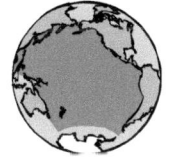

Pacífic

Pacific

Oceà Índic

Indian Ocean

Oceà Antàrtic

Antarctic Ocean

Oceà Àrtic

Arctic Ocean

pol nord

North Pole

pol sud

South Pole

Antàrtida

Antarctica

terra

Umhlaba

país

umhlaba

mar

izilwandle

illa

isiqhingi

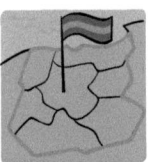

nació

izwe

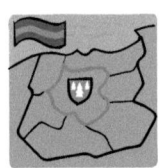

estat

inhlangano engokomthetho

quadrant

ubuso bewashi

agulla de les hores

isandla sehora

agulla dels minuts

isandla semizuzu

agulla dels segons

isandla sesibili

Quina hora és?

Ubani isikhathi?

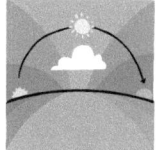

dia

usuku

temps

isikhathi

ara

manje

rellotge digital

iwashi lezibalo

minut

umzuzu

hora

ihora

dilluns
UMsombuluko

dimecres
ULwesithathu

divendres
ULwesihlanu

dimarts
ULwesibili

dissabte
UMgqibelo

dijous
ULwesine

diumenge
ISonto

ahir

izolo

avui

namhlanje

demà

kusasa

matí

ekuseni

migdia

emini

tarda

ntambama

dia feiner

izinsuku zeviki

cap de setmana

impelasonto

pluja
imvula

arc de Sant Martí
uthingo

neu
ukukhithika kweqhwa

vent
umoya

primavera
ithwasahlobo

estiu
ihlobo

tardor
ikwindla

hivern
ubusika

4.APRIL	11°	
5.APRIL	4°	
6.APRIL	13°	
7.APRIL	8°	
8.APRIL	10°	

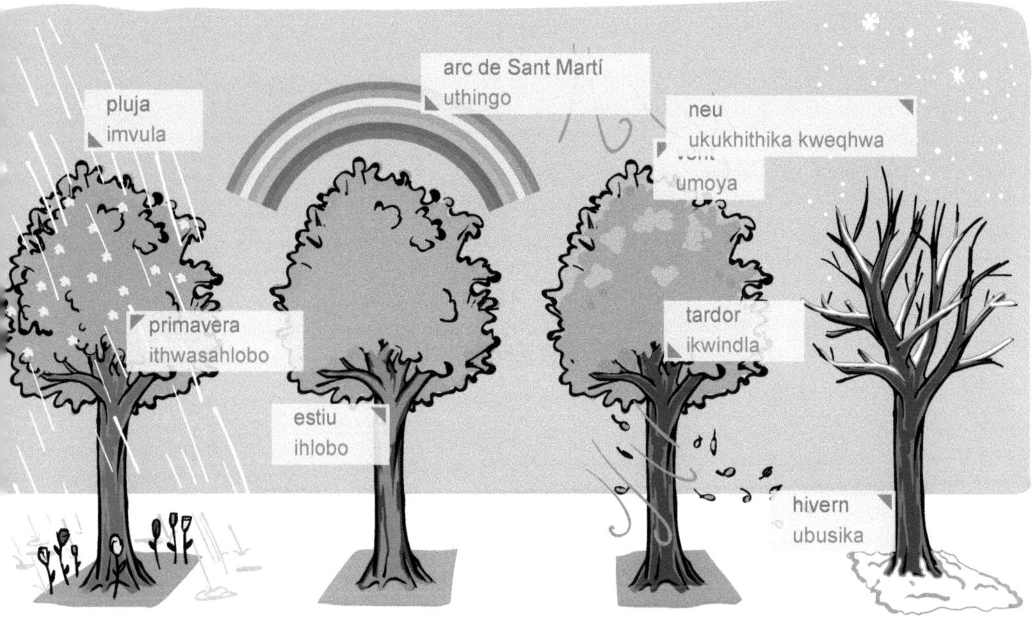

pronòstic del temps

isimo sezulu

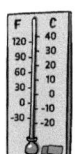

termòmetre

umshini wezinga lokushisa

llum del sol

ukushisa kwelanga

núvol

amafu

boira

inkungu

humitat de l'aire

umswakama

llamp

ummbani

tro

ukuduma kwezulu

tempesta

isiphepho

calamarsa

isichotho

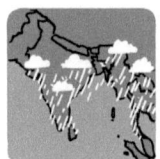

monsó

imvula enkulu

inundació

izikhukhula

gel

iqhwa

gener

UMasingana

febrer

UNhlolanja

març

UNdasa

abril

UMbasa

maig

UNhlaba

juny

UNhlangulana

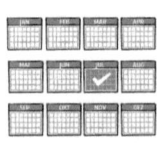

juliol

UNtulikazi

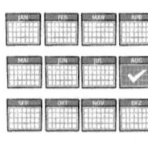

agost

UNcwaba

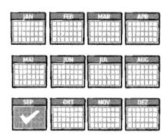

setembre
....
UMandulo

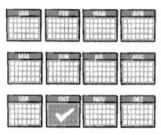

octubre
....
UMfumfu

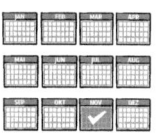

novembre
....
ULwezi

desembre
....
UZibandlela

cercle
....
indilinga

quadrat
....
isikwele

rectangle
....
unxande

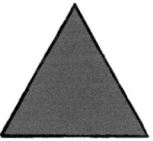

triangle
....
unxantathu

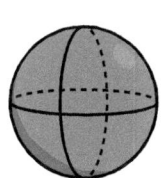

esfera
....
i-sphere

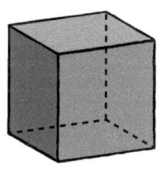

cub
....
i-cube

blanc

kumhlophe

groc

kuphuzi

taronja

ku-olenji

rosa

kuphinki

vermell

kumbomvu

lila

kuphephuli

blau

kuluhlaza
okwesibhakabhaka

verd

kuluhlaza

marró

kubhrawuni

gris

kuphashile

negre

kumnyama

molt / poc

kakhulu / kancane

emprenyat / tranquil

ukucasuka / ubumnene

bonic / lleig

ubuhle / ububi

començament / fi

isiqalo / isiphetho

gran / petit

kukhulu / kuncane

clar / fosc

kuyakhanya / kumnyama

germà / germana

umfowethu / udadewethu

net / brut

ukuhlanzeka / ukungcola

complet / incomplet

ukuphelela / ukungapheleli

dia / nit

imini / ubusuku

mort / viu

ukufa / ukuphila

ample / estret

ukuvuleka / ukunyinyeka

comestible / immenjable

okudliwayo / okungadliwa

dolent / amable

ukukhohlakala / umusa

entusiasmat / entediat

ukujabula / isithukuthezi

gros / prim

ukunona / ukuzaca

primer / darrer

ukuqala / ukugcina

amic / enemic

umngane / isitha

ple / buit

ukugcwala / ukuphela

dur / tou

ubunzima / ukuthamba

pesant / lleuger

ukusinda / ukubalula

gana / set

ukulamba / ukoma

malalt / sa

ukugula / ukuba umqemane

il·legal / legal

ngokomthetho / okungekho
emthethweni

intel·ligent / ximple

ukuhlakanipha /
isiphukuphuku

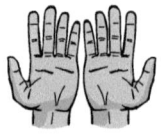

esquerra / dreta

isinxele / esokudla

prop / llunyà

eduze / kude

nou / usat

kusha / sekusebenzile

res / quelcom

utho / okuthile

vell / jove

okudala / okusha

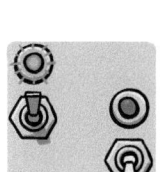

encès / apagat

vuliwe / kucishiwe

obert / tancat

vula / vala

silenciós / sorollós

kuthulekile / kunomsindo

ric / pobre

ukuceba / ubumpofu

correcte / incorrecte

kulungile / akulungile

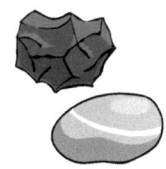

aspre / suau

kugadlazekile / kuyashelela

trist / content

dabuka / jabula

curt / llarg

kufishane / kude

lent / ràpid

kuyanensa / kuyashesha

humid / sec - eixut

ukuba manzi / ukoma

calent / fred

ukufudumala / ukuphola

guerra / pau

ukulwa / ukuthula

0

zero

uziro

1

u

kunye

2

dos

kubili

3

tres

kuthathu

4

quatre

kune

5

cinc

kuhlanu

6

sis

isithupha

7

set

isikhombisa

8

vuit

isishiyagalombili

9

nou

isishiyagalolunye

10

deu

ishumi

11

onze

ishumi nanye

12

dotze

ishumi nambili

13

tretze

ishumi nantathu

14

catorze

ishumi nane

15

quinze

ishumi nanhlanu

16

setze

ishumi nesithupha

17

disset

ishumi nesikhombisa

18

divuit

ishumi nesishiyagalombili

19

dinou

ishumi nesishiyagalolunye

20

vint

amashumi amabili

100

cent

ikhulu

1.000

mil

inkulungwane

1.000.000

milió

izigidi

nombres - izinombolo

anglès

isiNgisi

anglès americà

isiNgisi saseMelika

xinès mandarí

isiMandarin saseShayina

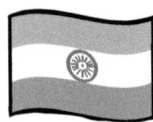

hindi

isiHindi

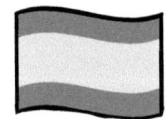

espanyol

iSpanishi

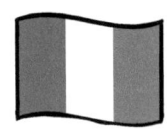

francès

isiFulentshi

àrab

isi-Arabhu

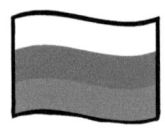

rus

isiRashiya

portuguès

isiPutukezi

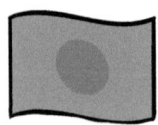

bengalí

isiBengali

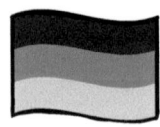

alemany

isiJalimane

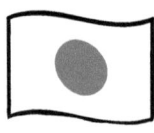

japonès

isiJapane

jo

Mina

tu

wena

ell / ella / allò

u / u / ku

nosaltres

thina

vosaltres

nina

ells

bona

qui?

ubani?

què?

ini?

com?

kanjani?

on?

kuphi?

quan?

nini?

nom

igama

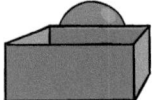

darrere

ngemuva

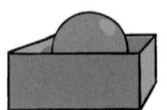

en

ngaphakathi

davant de

phambi kwe

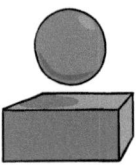

sobre

phezulu

a

ngaphezulu

sota

ngaphansi

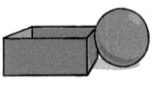

al costat

eceleni

entre

phakathi

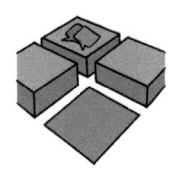

lloc

indawo